中国佛教

赵朴初
著

中国大百科全书出版社

目录

敦煌莫高窟第360窟窟顶藻井（局部），迦陵频伽卷瓣莲花纹藻井部分。（张伟文／摄影）

敦煌莫高窟第 257 窟南壁（局部），沙弥守戒自杀品部分。

壹

汉地佛教

公历纪元前后，佛教开始由印度传入中国，经长期传播发展，而形成具有中国民族特色的中国佛教。由于传入的时间、途径、地区和民族文化、社会历史背景的不同，中国佛教形成三大系，即汉地佛教（汉语系）、藏传佛教（藏语系）和云南地区上座部佛教（巴利语系）。

汉地佛教是传入中国汉族地区的佛教，经过长期的经典传译、讲习、融化，与中国传统文化相结合，从而形成具有民族特点的各种学派和宗派，并外传朝鲜、日本和越南等国。

《番王佛礼图》。传入中国的佛教，不仅对中国境内的民族有重要的影响，亦以中国为中介传入周围的国家和民族。宋人绘制的此图，表现了不同民族的人在番王率领下聆听佛陀教化的情形。

①

历史

佛教传入中国汉地年代，学术界尚无定论。古代汉文史籍中，有秦始皇时沙门室利防等 18 人到中国的记载。据《善见律毗婆沙》记述，在阿育王时代，佛教第三次结集后，曾派大德摩诃勒弃多至臾那世界[1]，派末世摩至雪山边国[2]。西藏藏传佛教高僧多罗那他所著《印度佛教史》称达摩阿育王时，高僧善见至大支那弘法。南传佛教史书则称派末世摩至支那。以上这些布教活动因无译述遗迹传世，无法证实。

初传

西汉建元二年至元朔三年（公元前 139 ～前 126），张骞出使西域期间，曾在大夏见到从印度贩运去的蜀布、邛竹杖，说明当时中印之间已有民间往来，可能佛教也随之传入汉地。汉武帝还开辟了海上航道与印度东海岸的黄支[3]等地建立联系。近年考古发现，东汉时的四川彭山墓葬中已有佛像，江苏连云港孔望山佛教摩崖刻像初步证实也属于东汉时期。东汉明帝于永平八年（65）赐楚王英诏言其“尚浮屠之仁祠，洁斋三月，与神为誓”，可见当时已有佛教传入。经典的传入，据传始于西汉元寿元年（公元前 2 年）大月氏王使伊存口授博士弟子景卢以《浮屠经》（佛典），但究为何经，已失传无闻。历来均以东汉明帝永平年间（58 ～ 75）遣使西域取回《四十二章经》为佛法传入中国之始。此说是否为历史事实，近代颇有争议。因当时

1　原注：汉地。

2　编者注：指尼泊尔。

3　编者注：古国名。一般以为在今印度马德拉斯西南的甘吉布勒姆。

西域发生战乱，交通断绝，至永平十六年才开放。因此，只能推定大概在公历纪元前后，佛教开始传入汉族地区。传播的地区以长安、洛阳为中心，波及彭城（徐州）等地。当时有人认为佛教是一种神仙方术，故桓帝将黄帝、老子和佛陀同祀，“诵黄老之微言，尚浮屠之仁祠”，把沙门视同方士。

645年，玄奘取经归来，僧侣与信徒们在长安的寺院前迎接驮着来自印度的佛教画像与经书手稿的马队。

三国时期

承汉之后，天竺、安息、康居的沙门如昙柯迦罗、昙谛、康僧铠等先后来到魏都洛阳，从事译经；支谦、康僧会等前往吴都建业（今江苏南京）弘法。支谦深得孙权礼遇，拜为博士，并为康僧会建立寺塔。昙柯迦罗、昙谛精于律学，译出摩诃僧祇部的戒本《僧祇戒心》一卷。主张僧众应遵佛制，禀受归戒，为汉地佛教有戒律、受戒之

始。昙谛也在白马寺译出《昙无德羯磨》一卷。此外，康僧铠还译出《郁伽长者所问经》和《无量寿经》等 4 部。吴国译经，始于武昌，盛于建业。支谦专以译经为务，所译典籍广涉大小乘经律，共 88 部，118 卷，现存 51 部，69 卷；康僧会译出《六度集经》9 卷等。当时译经，大小乘并举。小乘经典强调禅法，注重守神养心（“守意”）；大乘偏重般若[1]。这个阶段的译经工作和对教义的宣传、研究，为魏晋南北朝时期佛教的发展打下了初步的思想基础。此外，这个时期的寺塔建筑、佛像雕塑也各具规模，但今存极少。

1　编者注：梵语意译为“智慧”。佛教指如实了解一切事物的智慧。

南北朝

南朝宋、齐、梁、陈各代帝王大都崇信佛教。梁武帝笃信佛教，自称“三宝奴”，四次舍身入寺，皆由国家出钱赎回。他建立了大批寺院，亲自讲经说法，举行盛大斋会。梁朝有寺 2846 座，僧尼 82700 余人，在建康（今江苏南京）就有大寺 700 余所，僧尼信众常有万人。北朝

甘肃安西榆林石窟第 25 窟壁画《舞乐图》，是该窟南壁《观无量寿经变图》的局部。

虽然在北魏世祖太武帝和北周武帝时发生过禁佛事件，但总的说来，历代帝王都扶植佛教。北魏文成帝在大同开凿了云冈石窟；孝文帝迁都洛阳后，为纪念母后开始营造龙门石窟。北魏末，流通佛经共计415部，1919卷，有寺院3万余座，僧尼约200万人。北齐僧官管辖下的僧尼约有400万人，寺庙4万余座。在南北朝时，有大批外国僧人到中国弘法，其中著名的有求那跋摩、求那跋陀罗、真谛、菩提流支、勒那摩提等。中国也有一批信徒去印度游学，如著名的法显、智猛、宋云、惠生等曾去北印度巡礼，携回大批佛经。

隋唐

佛教经魏晋南北朝的发展，无论在思想上和经济上都为隋唐时期创立具有中国特色的佛教宗派创造了条件。隋文帝统一南北朝后，即下诏在五岳胜地修建寺院各一座，并恢复了在北周禁佛时期所破坏的寺院、佛像。在首都大兴城（汉长安城东南）建立了执行佛教政策的国家寺院——大兴善寺。仁寿（601 ~ 604）年间在全国建立了111座舍利塔，并广置译场，罗致中外译师、名僧进行翻译、疏解佛教经典。隋炀帝继承隋文帝的保护佛教政策，在扬州建立了著名的慧日道场等，作为传播佛教的据点，并继续发展前代的译经事业，佛教十分兴盛。仁寿年间，全国有重要寺院3792所，度僧约23万人，写经46藏1328616卷，修理旧经3853部，营造大小石像106580尊，修复旧像1508940尊。

唐代是中国佛教臻于鼎盛的时期。唐朝帝王虽然自称是道教教祖老子的后裔，尊崇道教，但实际上采取道佛并行的政策。

唐太宗在清除割据、平息骚乱时，曾得僧兵之助；在即位后，下诏在全国“交兵之处”建立寺刹，并在大慈恩寺设译经院，延请国内外名僧进行译经、宣化事业，培养出了大批高僧、学者。高宗继位后，在帝都和各州设官寺，祈愿国家安泰；武则天更令各州设大云寺。终唐之世，佛教僧人备受礼遇，赏赐有加。不空和尚曾仕玄宗、肃宗和代宗三朝，出入宫门，封肃国公；入寂后，代宗废朝三日，以示哀悼。唐时中国名僧辈出，对佛学义理上的阐发无论在深度和广度上都超过前代，因此为建立具有民族特点的很多宗派奠定了理论基础，而且佛教信仰深入民间，创造了通俗的俗讲、变文等文艺形式。在建筑、雕刻、绘画、音乐等方面，建树很大，丰富了中国民族文化艺术的宝库。在唐时有大批外国僧侣、学者来中国从事传教和译经事业，中国也有不少僧人（如玄奘、义净）不辞艰辛去印度游学。中国佛教宗派开始传入朝鲜、日本、越南和诃陵（今印度尼西亚），加强了中国与亚洲其他国家的宗教、文化和商业的关系。但是，到了会昌五年（845），由于社会、经济等各方面的原因，发生了大规模的禁佛事件。武宗下令没收寺院土地财产，毁坏佛寺、佛像，淘汰沙门，勒令僧尼还俗。据《唐会要》记载，当时拆毁的寺院有4600余所，招提、兰若等佛教建筑4万余所，没收寺产，并强迫僧尼还俗达260500人。佛教受到极大的打击。

隋唐佛教义学蓬勃发展，促成大乘各宗派的建立。重要的有：智顗创立的天台宗；吉藏创立的三论宗；玄奘和窥基创立的法相宗；道宣、法砺和怀素分别创立的律宗，有南山、相部和东塔三家；由北魏昙鸾开创，隋代道绰相继，而由唐代善导集成的净土宗；弘忍的弟子神秀和慧能分别创立的禅宗，有北宗和南宗，在唐中叶后又陆续出现“禅门五家”，即沩仰、临济、曹洞、云门和法眼五派；法藏创立的华严宗；由印度僧人善无畏、金刚智、不空和惠果所奠定的密宗。这些宗派创立之后，随着隋唐中国对外交通的开拓，不久即传播海外。

两宋

北宋初期，朝廷对佛教采取保护政策。建隆元年（960）普度僧人 8000 人，继之又派行勤等 157 人赴印度求法，并使张从信于益州（今四川成都）雕刻大藏经版。太平兴国元年（976）又普度僧人 17 万人，五年设立译经院，恢复了从唐代元和六年（811）以来中断达 170 年之久的佛经翻译工作。同时，西域、古印度僧人携经赴华者络绎不绝，至景祐（1034 ~ 1037）初已达 80 余人。译经规模超过唐代，但成就稍逊。宗派以禅宗特别是临济、云门两派最盛，天台、华严、律宗、净土诸宗稍次。由于各宗互相融合，提倡“教（天台、华严）禅一致”、“净禅一致”，因而广为流行华严禅、念佛禅等。另外，在天台宗中分为山家、山外两派，而在民间念佛结社特别兴盛，影响极大。天禧五年（1021），天下僧尼近 46 万人，寺院近 4 万所，为北宋佛教发展的高峰。徽宗时（1101 ~ 1125），由于朝廷笃信道教，曾一度下令佛道合流，改寺院为道观，佛教一度受到打击。

南宋偏安，江南佛教虽仍保持一定盛况，但由于官方限制佛教的发展，除禅、净两宗外，其他各宗已日益衰微，远非昔比。禅宗不立文字，不重经论，因而在会昌禁佛和五代兵乱时所受影响较小。净土宗强调称名念佛，一心专念阿弥陀佛名号，简单易行，且北宋以后禅教僧人又多归宿净土，故能绵延相续，直至近世，仍甚盛行。

宋儒理学一方面汲取佛教华严、禅宗的思想，从而丰富了它们的内容；另一方面又批判和排斥佛教。排佛者中最著名的是欧阳修，但欧阳修的排佛思想曾遭到契嵩和尚、张商英、李纲和刘谧等人的反对。张商英作《护法论》创三教调和说，认为孔子之道与佛教所主张的识心见性、无上菩提之道无异，儒以治皮肤之疾，道以治血脉之疾，佛以治骨髓之疾，三教本旨无违。刘谧的《三教平心论》也发挥了同样的旨趣。

元明清

元代的统治者崇尚藏传佛教，但对汉地佛教也采取保护政策。佛教中的禅、律宗等继续流传、发展，寺院林立，僧尼众多。世祖至元二十八年（1291）全国有寺院42318座，僧尼21.3万人，中央和地方设有严密的僧官制度，加以监督，颁行了《敕修百丈清规》，雕印了著名的普宁寺版的大藏经。

明万历以后，袾宏、真可、德清、智旭四大家出，进一步发展了对内融会禅、教、律等宗学说，对外融通儒、释、道三家的风气，所以深受士大夫的欢迎和一般平民的信仰，并使佛教更加具有中国的特色。

清初皇室崇奉藏传佛教，对汉地佛教采取限制政策。康熙时禁令稍弛，迎请明末隐居山林的高僧重返京师，使已经衰微的佛教一时又呈现出活跃的气象。雍正虽重视藏传佛教，但主张儒佛道异用而同体，并行不悖，提倡佛教各派融合。他亲制《拣魔辨异录》《御选语录》，提倡不问宗派异同，都应念佛，对近世佛教有重要影响。乾隆时刊行《龙藏》，并编辑《汉满蒙藏四体合璧大藏全咒》，对佛教的发展起了一定推动作用。清末以来，杨文会、欧阳竟无等在日本和西欧佛学研究的推动下，创办刻经处、佛学院、佛学会等，为佛教义学的研究开辟了一个新的时期。中国近代思想家如康有为、谭嗣同、章太炎、梁启超等都受过佛学的影响。佛学思想曾是谭嗣同所建立的《仁学》体系的思想渊源之一。此外，一批名僧如月霞、谛闲、圆瑛、太虚、弘一等也都奋起从事振兴、弘扬佛教的工作，使佛教产生了新的气象。

甘肃敦煌莫高窟第323窟《张骞出使西域图》。该壁画描绘了西汉张骞出使西域与汉武帝跪别的情景。图左上角绘的是大夏国。张骞此行开辟了著名的“丝绸之路”。

佛教城邦

大夏

中亚古国名。主要指阿姆河以南、兴都库什山以北地区。公元前 255 年左右由希腊人建，公元前 140 ～前 130 年之间被大月氏征服。首都巴克特拉在今阿富汗巴尔赫。张骞出使西域时曾于公元前 128 年左右抵此。

大月氏

古族名。公元前 5 ～前 2 世纪初，月氏人游牧于河西走廊西部张掖至敦煌一带，势力强大，为匈奴劲敌。公元前 177 ～前 174 年间，匈奴先后两次大败月氏。月氏大多数部众西迁至伊犁河流域及伊塞克湖附近。从此，留在河西走廊的小部分月氏与祁连山间的羌族混合，称小月氏；西迁的月氏被称为大月氏。公元前 139 ～前 129 年间，遭乌孙攻击，再次被迫南迁，定居于阿姆河北岸。公元前 140 ～前 130 年之间，大月氏征服阿姆河南的大夏。公元 1 世纪上半叶，大月氏的贵霜翕侯创立贵霜王国，2 世纪初成为横跨中亚和印度半岛西北部的大国。

天竺

中国古代对印度的称谓之一。中国历史上最早称印度为“身毒”。《后汉书·西域传》记载：“天竺国一名身毒，在月氏之东南数千里。”以后《晋书》《魏书》《新唐书》《宋史》等均沿称天竺。

安息

古代中东国家帕提亚王国。首见于《史记·大宛列传》。帕提亚地处伊朗高原东北部，原为古波斯阿契门尼德王朝、马其顿亚历山大帝国、塞琉古帝国治下的一个郡。公元前 250 ～前 248 或前 247 年宣告独立，阿萨息斯一世称王，建立阿萨息斯王朝。中国史籍译称安息。至米特拉达悌一世（前 171 ～前 138 或前 137）时，安息强盛起来，在中东建立了东自大夏、身毒，西至两河流域，北至里海，南至波斯湾的大帝国。公元 97 年，汉西域都护班超派遣甘英出使大秦（今罗马），曾抵达安息西境。2 世纪末安息转衰，226 年为波斯萨桑王朝取代。安息帝国在地理上居欧亚贸易要道，古代丝绸之路和几条重要支路都要穿过安息。它因处于垄断东西贸易路线的中继地位而得以经济繁荣。

康居

古西域国名。地域大致在今巴尔喀什湖和咸海之间，南至今阿姆河北。康居地处中西交通中段的要冲，是中亚各国交换国情及传播文化的中介站。张骞出使西域后，康居与西汉建立交通关系。自东汉末年至东晋，有不少康姓僧侣来华译经，著名的有康僧会、康僧铠、康僧渊等。1 世纪中叶，康居渐趋衰败。3 世纪时似仍游牧于锡尔河中游，其后益弱，势力远不如两汉时代。

左上图 公元前 2 世纪的安息硬币

左下图 古印度青铜器：三尊一组的佛陀坐像。每尊佛像都坐在盛开的莲花上，中间一尊施说法印，左边的施触地印，右边的施禅定印。

高僧

昙柯迦罗（约3世纪）

三国时期僧人。中国佛教史上第一位翻译律典、传授比丘戒的僧人。中文意译为法云。出生在印度中部的大富之家。自幼聪明，天资过人。对婆罗门教的经典《四吠陀论》有专门的研究。后接触佛教经典，觉其博大精深，放弃了世俗的荣华富贵，出家为僧，精苦修行，诵习了大、小乘的经典和诸部律书，成为很有修养的佛教学者。曹魏嘉平年间（249～254）来到中国洛阳。当时魏国已有佛教和僧人，但僧人都未受比丘戒，只是剃除须发，表示不同于俗人而已。昙柯迦罗应当时僧人请求传戒，并译出了《僧祇戒心》，供僧人朝夕诵习之用。另由其他在汉地的印度僧人立羯磨（羯磨是佛教律藏的专门术语，意译为“法”“业”或“作业”）法，开始为僧人授戒。这是中国正式有受戒比丘之始。

求那跋摩（367～431）

南朝刘宋译经僧。北印度罽宾人，刹帝利种。20岁出家受戒。他通晓经书，学识渊博，被当时人称为“三藏法师”。30岁时，罽宾王去世无嗣，众人认为跋摩有帝室血统，又才明德重，想请他还俗继国位。跋摩则隐栖山林，遁迹人世。其后，至师子国等国弘教，名声远扬。南朝宋文帝慕名邀请跋摩。跋摩于元嘉八年（431）正月抵达建康，受到文帝礼遇，敕住祇洹寺，供给隆厚。跋摩在祇洹寺译经，并开

敦煌莫高窟第323窟南壁（局部），昙延法师祈雨部分。

讲《法华》及《十地》。后在该寺中去世。所译经典有《优婆塞五戒相经》《优婆塞五戒威仪经》等共计 10 部 18 卷，以及《杂阿毗昙心论》13 卷的后 3 卷。

法显（约 337 ～ 422）

东晋僧人、旅行家、翻译家。俗姓龚，今山西襄垣人。中国僧人到印度留学的先驱者。因慨叹佛教传入中国 200 余年，经、论传译失真，律藏残缺，从而矢志寻求。东晋隆安三年（399，一说隆安四年），他以 60 多岁的高龄，偕同学慧景、道整等自长安出发，西行求法。穿沙漠，越葱岭，遍游北、西、中、东印度等地，拜访佛教胜地和历史名城，学习梵语和抄写经律、画像等。此外还到过师子国、耶婆提国（今印度尼西亚爪哇及苏门答腊）等。义熙八年（412）经海道返回青州牢山（今山东青岛崂山）。前后共 14 年，游历 30 余国，带回很多梵本经典。归国后与印度僧人佛陀跋陀罗在建康道场寺合译经律论 6 部 24 卷，主要有《摩诃僧祇律》40 卷等。此外，他撰写的游记《佛国记》（即《高僧法显传》）对研究当时的中外交通和中亚、南亚诸国的历史、宗教、地理、文化、社会情况都有很大价值。

宋云（生卒年不详）

北魏孝明帝时的使臣。甘肃敦煌人。北魏孝明帝神龟元年（518）十一月（一说熙平元年或正光二年），奉胡太后之命，与僧人法力、惠生（一作慧生）等自洛阳出发，前往西域。途经赤岭、吐谷浑国、鄯善城、末城、于阗（今新疆和田一带）国、波斯国、赊弥国等地；翌年十二月至乌场国，为乌场国王讲说孔、庄、老之德及神仙方术。正光元年（520）四月中旬入乾陀罗国，后西渡辛头河（即印度河），巡礼雀离浮图、大塔等佛迹。正光二年（一说三年或四年）二月还洛阳，携回大乘梵文经论 170 部，其后事迹不详。《洛阳伽蓝记》卷五中收有宋云记录西域之游见闻的《宋云行纪》。

不空（705 ～ 774）

唐代译经家、密教付法第六祖。中国密教初祖之一。与善无畏、金刚智并称“开元三大士”。师子国人，一说北印度人。幼年出家，14 岁师事金刚智，唐玄宗开元八年（720）抵洛阳。开元十二年在洛阳广福寺受具足戒。由于聪敏过人，深获金刚智器重，尽得五部三密之法。后遵金刚智遗命，赴印度等地求法，天宝五年（746）返唐，携回 100 部梵本经。先后译显密教典共 110 部、143 卷。

玄奘（约 600 ～ 664）

唐代僧人，法相宗创始人，佛经翻译家、旅行家。俗姓陈，名祎。洛州缑氏（今河南偃师）人。13 岁出家，20 岁在成都受具足戒。曾游历各地，参访名师，学习经论，造诣日深。因感国内众说纷纭，难得定论，决心西行求法。贞观元年（627）自长安神邑出发，经凉州出玉门

关西行，终于王舍新城，长途跋涉5万余里，历尽千辛万苦。曾在那烂陀寺受学于戒贤，被选为通晓三藏的十德之一。后游学于印度各地，与一些学者进行辩论，名声大震，被大乘尊为“大乘天”，被小乘尊为“解脱天”。贞观十九年正月二十五日，返抵长安。先后在弘福寺、大慈恩寺、西明寺、玉华寺等地译出经论75部1335卷，超过了与他并称中国佛经翻译史上四大家的鸠摩罗什、真谛和不空三家翻译数量的总和。玄奘译经多用直译，笔法严谨，所译之经开一代新风，使中国的佛教翻译进入了更高阶段，后人均称之为新译。还曾编译《成唯识论》，著有记录旅途见闻的《大唐西域记》等。主要学说有五种姓说、唯识论、因明等。玄奘回国后除致力于译经、讲法和创宗立说，同时还培养了大批的法相唯识学者，弟子中以慈恩大师窥基、西明寺圆测（613～696）等最为著名。

上图 不空像
下图 窥基像

窥基（632～682）

唐代僧人。法相宗创始人之一。京兆长安（今陕西西安）人。俗姓尉迟。原名基，亦称大乘基。因常住大慈恩寺（即今慈恩寺），世称慈恩大师。17岁从玄奘出家，25岁参加玄奘译场译经，并随从受业，前后共9年。玄奘去世后，他重返大慈恩寺，专事著述。他精熟因明、法相唯识之学，继承了玄奘衣钵，弘扬了法相宗教义。他著作很多，有“百部疏主”之誉。主要著作有《瑜伽师地论略纂》《成唯识论述记》等43种，现存31种。8世纪初，其著作传到日本，日僧据以建立日本法相宗。

法砺（569～635）

唐代律僧，相部宗的开祖。冀州赵郡（今河北赵州）人，俗姓李。15 岁出家。受具足戒后，先后修习《四分律》《十诵律》等。后住日光寺，大弘教化。著有《四分律疏》《羯磨疏》《舍忏仪轻重叙》等书。前后讲律 40 多遍。其创立的相部宗因以相州（今河南安阳）为根据地而得名。弟子有明导、昙光、道成、满意等人。满意的成就最大，后来居住在长安崇福寺西塔院，大力弘宣法砺学说，后世称之为西塔律师。东塔律宗怀素曾针对法砺的《四分律疏》列举出 16 失，另著《四分律开宗记》。后世遂称怀素所著为新疏，法砺所著为旧疏。

怀素（625～698）

唐代律僧，东塔宗的创始人。俗姓范，祖籍南阳。10 岁出家。曾从玄奘受学。22 岁时，从道成受戒并学律。学了法砺的《四分律疏》和道宣的《行事钞》等，对于两家著作，都感到不满意，决心自己另撰新疏。咸亨元年（670）开始撰《四分律开宗记》，永淳元年（682）完成，共 10 卷。自讲了 50 多遍，然后去世。怀素被视为东塔宗初祖，因其居于长安崇福寺东塔，其宗派称东塔派。唐朝还有一叫怀素（725～785）的僧人，俗姓钱，湖南长沙人，为书法家，以“狂草”出名。二者非同一人。

善导（613～681）

唐代净土宗的实际创始人。俗姓朱。安徽泗州（治所在今安徽泗县）人，一说山东临淄（今山东淄博东北）。幼年出家。唐贞观

善导像

十五年（641）从道绰受学，得《观无量寿经》奥义，决心专修净业。后到长安，传净土法门，倡导专心念佛。善导曾将受施所得净财，用以书写《阿弥陀经》10 余万卷，并彩画净土变相 300 多壁，修葺营造寺塔多处。善导的主张集净土思想之大成，现存著述 5 部 9 卷，其中《观无量寿佛经疏》主要阐述净土法门的教相教义，8 世纪传入日本，日僧源空据以创立了日本净土宗。

神秀（约 606 ～ 706）

唐代僧人，禅宗北宗创始人。俗姓李，开封尉氏（今属河南）人。早年博览经史。后出家受具足戒。50 岁时，到蕲州双峰山东山寺（在湖北黄梅县东北）参谒禅宗五祖弘忍，曾受弘忍器重。相传弘忍为付衣法，命弟子作偈以呈。神秀作偈云："身是菩提树，心如明镜台，时时勤拂拭，莫使惹尘埃。"弘忍认为未见本性，未付其衣法，而将衣法付给了慧能。弘忍死后，他在江陵当阳山（今湖北当阳东南）玉泉寺大开禅法，从四面八方来随他就学的徒众很多。武则天听到他的盛名，于久视元年（700）遣使迎请，当时他已 90 多岁了。中宗即位，更加礼重。神龙二年（706）逝世后，中宗赐谥"大通禅师"。弟子普寂、义福继续阐扬其宗风，盛极一时，后世称其法系为北宗禅。北宗禅仅传数代即衰。著有《大乘五方便》等。

慧能（638 ～ 713）

唐代僧人，中国佛教禅宗六祖。一作惠能。俗姓卢，生于南海新兴（今属广东）。据说他曾是目不识丁的樵夫，因听人诵《金刚般若经》而发心学佛。后投在禅宗五祖弘忍门下。当时弘忍年事已高，急于传付衣法，命弟子作偈以呈。慧能口诵一偈，题于壁上："菩提本无树，明镜亦非台，本来无一物，何处惹尘埃。"弘忍见此，唤慧能到堂内为其讲《金刚经》，并付以顿教衣钵，这是"继承衣钵"的出典。仪凤二年（677）到韶州（今广东韶关）曹溪宝林寺弘扬禅学，宣传"见性成佛"，成为禅宗正系。因在南方倡导顿悟法门，称为南宗。弟子将其说教编辑成书，即《六祖坛经》。

法藏（643 ～ 712）

唐代僧人。华严宗实际创宗者，宗内称为三祖。本西域康居国人，其祖父侨居长安，以康为姓。17 岁入太白山求法。后去云华寺跟从智俨学《华严经》，得其嫡传。智俨死后出家。先后在太原寺、云华寺讲《华严经》，武则天命京城十大德为其授具足戒，并赐号“贤首”，人称“贤首国师”。此后，广事讲说、著述并参加翻译了多种经论。曾帮助于阗僧人实叉难陀在洛阳大遍空寺重译《华严经》，并用晋、唐两译对勘梵本，拾遗补缺，使现行《华严经》得以完善。法藏依《华严经》创六相十玄门等理论，把“一真法界”作为世界根源，树立一宗之说。著有《华严经探玄记》《华严经旨归》等。

法藏像

善无畏（637 ～ 735）

唐代来华的密教高僧。与金刚智、不空并称开元三大士。中印度摩揭陀国人。其先代出身刹帝利，因国难出奔到乌荼，做了国王。他 13 岁继承了王位。兄弟们不服，起兵相争，他平乱之后让位于兄，决意出家。曾在那烂陀寺从达摩 · 笈多学习密教，并受灌顶，号为三藏。后到中国弘扬佛法。唐玄宗开元四年（716）到长安，被礼为国师。他首次将密教传入中国，译出《大毗卢遮那成佛神变加持经》等。

惠果（? ～ 805）

唐代密宗僧人。因常住青龙寺东塔院，世称青龙寺和尚。俗姓马。京兆府万年县（今陕西西安）人。9 岁学佛经，17 岁向不空求授密教真言，后师事不空 20 多年。22 岁时曾在善无畏弟子玄超阿阇黎处受胎藏、苏悉地等法。惠果曾备受唐代宗、德宗、顺宗的礼遇，被称为三朝国师。他把善无畏所传的胎藏界密法和不空所传金刚界密法融会一起，建立金胎不二思想，声名远扬。唐贞元二十年（804），日本僧人空海来青龙寺求学，回国后携带的经典中有《大日如来剑印》《十八契印》等，相传为惠果所著。后空海在日本创立真言宗，弘扬惠果所传瑜伽密教，传承至今。

经典

《印度佛教史》

印度佛教史籍。藏传佛教觉囊派学者多罗那他（又名庆喜藏）著于1608年。全书分44章，10余万字，以王朝的更迭为经，以佛教著名大师的传承为纬，记述自释迦牟尼去世后，至印度波罗、斯那两王朝覆灭时，佛教在印度流传及盛衰演变情况。

《四十二章经》

中国所译最早的佛教经典。亦名《孝明皇帝四十二章》，传为汉明帝时摄摩腾于大月氏译出流入中国，一说与竺法兰在洛阳共译。最早著录《四十二章经》是南朝梁僧祐的《出三藏记集》。现存《四十二章经》传本以《高丽藏》所收本最接近原始。从内容看，《四十二章经》可能是印度小乘佛教《阿含》等经的节译和编译。《四十二章经》宗旨在于奖励梵行，明沙门二百五十戒，离恶行之过失，离烦恼之垢染，教人克伐爱欲，证成阿罗汉果。

《无量寿经》

佛教经典。与《阿弥陀经》《观无量寿经》合称净土三部经。1～2世纪印度贵霜王朝时期，流行于犍陀罗地区。三国魏嘉平四年（252）康僧铠译。2卷。主要内容是叙述阿弥陀佛过去的因行、所创建的净土功德庄严，以及此土众生往生行相等。

《龙藏》

《龙藏经》插图，清雍正十三年（1735）至乾隆三年（1738）的木版画。

全称为《乾隆版大藏经》，又名《清藏》，是清代唯一的官刻汉文大藏经。清世宗雍正十一年（1733）在北京贤良寺设立藏经馆，雍正十三年正式开雕，清高宗乾隆三年（1738）完成。共雕成经版

79036 块。全藏 724 函，1669 部，7168 卷。刷印了 100 部，颁赐京内外各寺入藏。1935 年又印过 22 部。经版原存皇宫内武英殿，后移藏于柏林寺，1982 年又移藏于智化寺。该版片略有残损，基本完好，是中国历代木刻藏经中唯一尚存的版片。

禅门五家

沩仰宗

中国佛教禅宗五家之一。属南宗南岳法系。开创者为潭州（今湖南长沙）沩山的僧人灵祐（771～853）和袁州（今江西宜春）仰山的慧寂（803～887）。唐末五代是它的鼎盛时期，至宋代逐渐绝迹，最终与临济宗合并，历时150年。在禅宗五家中，沩仰宗兴起最先，衰亡也较早。

临济宗

中国佛教禅宗五家之一。属南宗南岳法系。以唐代临济义玄（？～867）为宗祖，宗庭在河北镇州（今河北正定）的临济寺。中唐以后，临济宗门风兴隆。该宗禅风自由，以迅速手段或警句使学人省悟，方法单刀直入，机锋锐利，为武人、俗士所好，将士、政客等也多参此宗禅法。至清代该宗已成为我国禅宗主流。它在五家宗派中流传最久。

美岱召大殿平剖面。美岱召原名灵觉寺，后改寿灵寺，是内蒙古地区重要藏传佛教建筑之一。

曹洞宗

中国佛教禅宗五家之一。属南宗青原法系。开创者唐代良价（807～869）和他的弟子本寂（840～901）先后在筠州洞山（今江西宜丰）、抚州（今江西宜黄）曹山弘法，后世称之为曹洞宗（一说取禅宗六祖曹溪慧能及洞山良价之号）。禅风以回互细密著称。禅宗五家中，沩仰、云门、法眼三家到宋以后都失传了，只有临济、曹洞两家并存，但曹洞的法脉远不及临济兴盛。

云门宗

中国佛教禅宗五家之一。属南宗青原法系。开创者五代的文偃（864～949）在韶州云门山（今广东乳源）的光泰禅院，举扬一家宗风，故名。禅风险峻而简洁高古，一语一字之中含藏着无限的旨趣，而其机用又是截断众流，不容拟议。该宗兴盛于北宋，至南宋已逐渐衰微。到了元初，其法系已无从考证。历时约200年。

法眼宗

中国佛教禅宗五家之一。属南宗青原法系。五代僧人文益（885～958）在金陵（今江苏南京）清凉院创立。他圆寂后，南唐中主李璟谥为“大法眼禅师”，后世因称此宗为法眼宗。该宗在五代初极盛，宋中叶衰落。历时不过百年。禅风兼有云门、曹洞两家之长，自成一体。

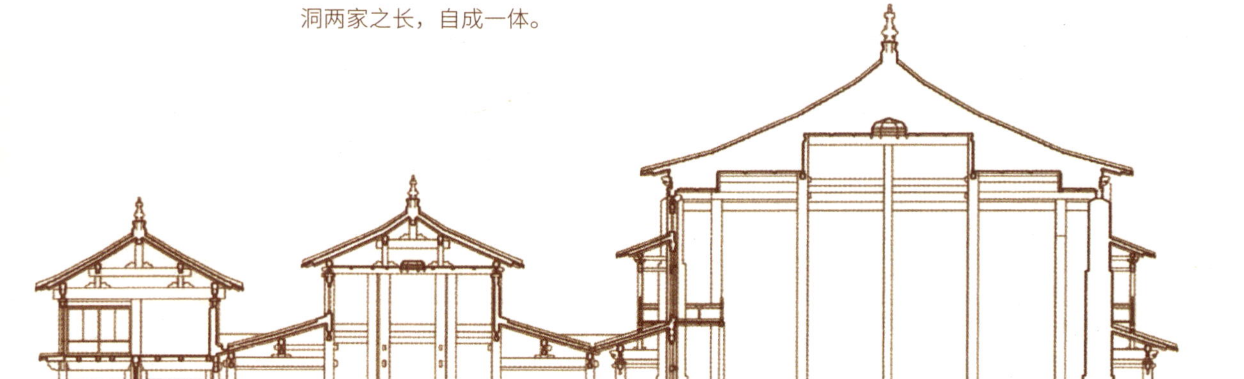

名寺古刹

白马寺

佛教传入中国内地后营建的第一座寺院。它是中国早期佛教的传播活动中心，中国佛教各派系均尊称白马寺为“祖庭”和“释源”。位于河南省洛阳市东 12 千米。创建于东汉永平十一年(68)。历史上白马寺多次毁而复建，现存建筑是明代嘉靖年间

《戒坛图经》南宋刻本图

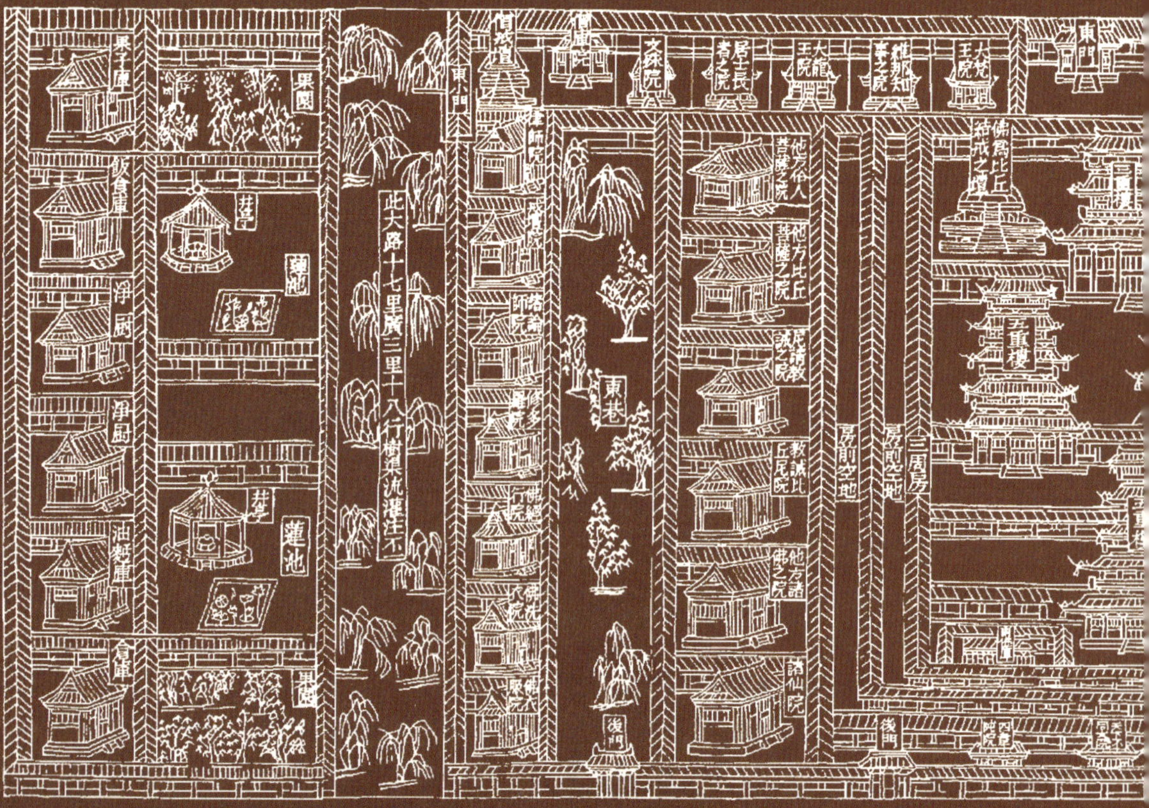

扩建时的规模，占地面积约 4 万平方米，建筑、雕塑、碑刻等多为明、清遗物。据说当时建造格式仿照印度祇园精舍，中有塔，殿内有壁画。摄摩腾和竺法兰在此译出《四十二章经》，是中国现存的第一部汉译佛典。东汉时绝大部分佛经都在洛阳翻译，该寺是最重要的译馆。

大兴善寺

中国佛教密宗的祖庭。隋唐时期著名的译经馆。位于今陕西西安市西南约 2.5 千米的小寨兴善寺西街。创建于西晋泰始二年（266）。隋开皇年间（581 ～ 600），大兴佛教，建为国寺。建寺同时即创设译经馆，为第一所国立译经场。众多印度高僧在寺住锡，先后有那连提黎耶舍、阇那崛多、达摩 · 笈多、彦琮等为主译，所译经卷约占隋代译经总数半数以上。唐代开元三大士善无畏、金刚智、不空先后在大兴善寺翻译佛教经典，弘扬密宗，所以大兴善寺成为中国佛教密宗的发祥地，被尊为密宗祖庭。唐武宗禁佛时，寺院损毁严重，至宋代才稍有修葺，清代则进行了两次大修，现有规模仍为西安今存众刹之首。1945 年，太虚法师等在寺内创设了世界佛学苑巴利学院。

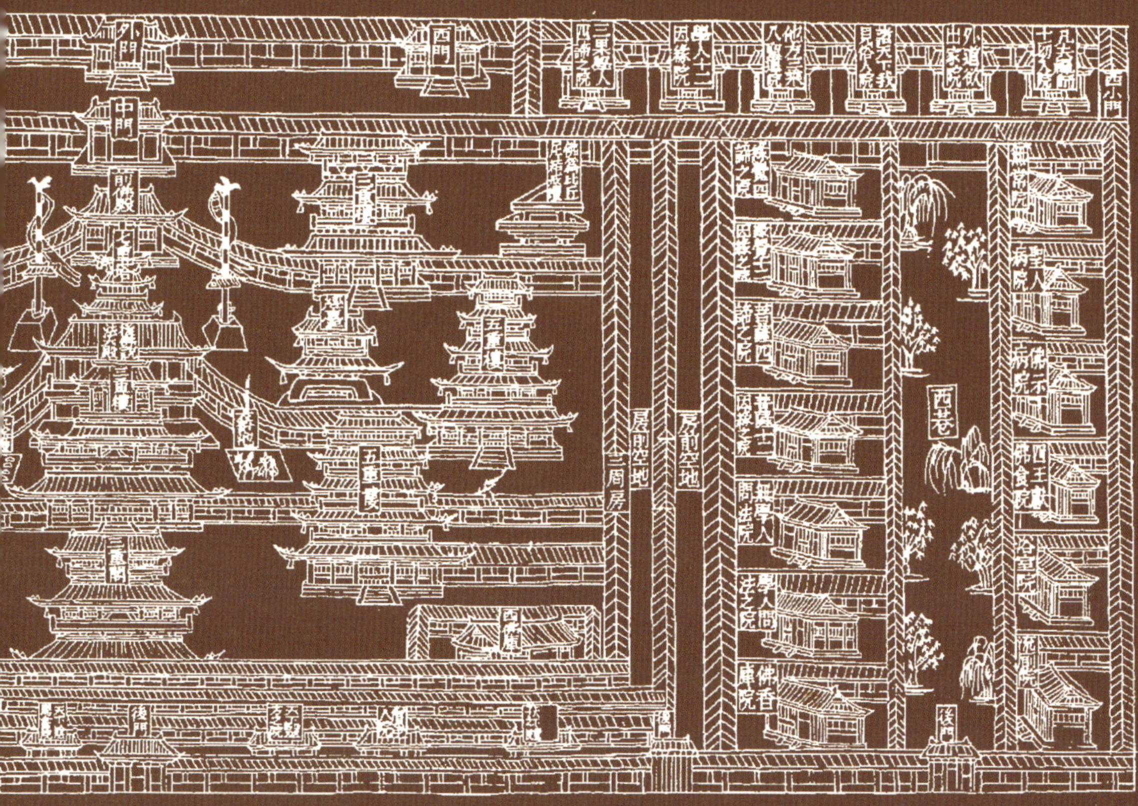

明代四大高僧

袾宏（1535 ～ 1615）

袾宏，字佛慧，自号莲池。俗姓沈。浙江杭州人。31 岁出家。在杭州昭庆寺受具足戒，后游学四方。37 岁回杭州，在云栖山结茅安居，日久渐成丛林。他住持云栖寺 40 多年，被尊称为云栖大师。他主张佛教各宗并进，戒为基础，弥陀净土为归宿。他的著述编成《云栖法汇》。

真可（1543 ～ 1603）

真可，字达观，晚号紫柏。门人尊他为紫柏尊者。俗姓沈。吴江（今属江苏）人。17 岁出家，20 岁受具足戒。在修寺、刻经方面做出了很大贡献。曾复兴梵刹 15 所。为流通大藏，他将梵筴改为方册，明万历十七年（1589）开始在五台山刻方册藏。他对佛教采取各宗并重的态度。明末由于他触怒阉党权贵，被诬造作“妖书”（谎传神宗改立太子）下狱，万历三十一年卒于狱中。著有《紫柏尊者全集》《紫柏尊者别集》等。

《二祖调心图》传为五代石恪所绘，现藏于日本东京国立博物馆。

德清（1546 ～ 1623）

德清，字澄印，别号憨山。俗姓蔡。安徽全椒人。19 岁出家，当年入冬受具足戒。曾云游四方。做过海印寺住持。明万历二十三年（1595），被诬下狱，因查无实据，被以“私创寺院”罪充军。二十八年秋，应请入曹溪（今广东韶关曲江），复兴南华寺，后人尊他为曹溪的中兴祖师。四十一年，在衡阳注经讲说。此后历游江、浙、赣等名刹，随缘施教。天启二年（1622）回曹溪，次年在南华寺圆寂。今南华寺内仍供奉有德清的肉身像。他主张佛教各宗并进，禅净双修，儒、释、道互相补充。主要著作有《观楞伽经记》《华严经纲要》等。

智旭（1599 ～ 1655）

智旭，字蕅益，自号八不道人。俗姓钟。江苏吴县（今苏州吴中区和相城区）人。17 岁时因读祩宏的著作而信佛。24 岁出家。33 岁入灵峰（今浙江孝丰），两年后造西湖寺，此后辗转九华山等地从事宣讲、著述。清顺治十二年（1655）于灵峰圆寂，世称灵峰蕅益大师。他主张儒佛一致，实践上主张禅、教、律三学统一。主要著作有《阿弥陀经要解》《灵峰宗论》等。后来台家讲教大多依据他所释的经论，因而形成了合教、观、律归入净土的灵峰派，一直延续至今。后人奉他为净土宗第九祖。

禁佛事件

禁佛事件在中国历史上共发生过 4 次。一是北魏太武帝禁佛。本来信奉佛法的太武帝因受道士寇谦之等的影响，转奉道教，并于 440 年改元为太平真君。太平真君七年三月，命太子晃下令废除全国佛教，焚烧佛经，破毁寺院经像，诛杀僧人等。因太子信佛，缓发诏书，所以许多僧人得以逃脱，金银佛像及经书被秘密收藏，但魏境内的寺宇建筑大多被毁。太武帝死后，文成帝即位，又恢复了佛教。二是北周武帝禁佛。武帝欲以儒治天下，建德三年（574）五月下诏禁佛道二教，经像全部被毁，并令僧人、道士还俗，寺观塔庙赐予王公等。建德六年灭北齐，在原齐境内推行禁佛之令。禁佛后，北方寺像毁坏殆尽，僧众多逃往江南。武帝死后，宣帝、静帝先后继位，佛法又兴。三是唐武宗禁佛。因发生在会昌年间，又称会昌法难。武宗好道术，会昌二年（842）十月起，开始勒令僧尼还俗，敕毁佛寺，财物入官，铜像等用以铸钱。但当时藩镇权势已重，有些地方没有遵旨禁佛。武宗死后，宣宗又恢复佛法，但佛教已大伤元气。四是后周世宗禁佛。世宗在位时，北方五代更迭，战事频繁，由于寺僧人数泛滥，直接影响国家赋税、兵役。显德二年（955），诏令整饬寺院，严格出家规定，禁止烧身、炼指等眩惑世俗、残害肢体的行为。除存留寺院之外，民间的铜佛像全部没收入官，用以铸钱。此后，中国北方的佛教日益衰落，南方佛教仍继续发展。

华严禅

不是指中国佛教的特定宗派，而是中国化佛教的一种融合思潮或佛教传统。华严禅的真正奠基者，一般认为是华严五祖宗密大师（780 ～ 841）。在佛教中多指唐末以来，特别是宋代流行的禅学方法，以华严宗方法，特别是理事方法，阐发禅的意义。

念佛禅

在坐禅之际兼行念佛的行法。念佛有观像、观想、实相、口称 4 种。这种行法始于南北朝时代，但大多是观想念佛。唐代主张念佛禅的禅宗人数较少，但宋代以后主张念佛禅的人渐盛。元朝以后，念佛禅之风遍布中国禅界。

左图　甘肃敦煌莫高窟第 322 窟千佛（局部图）

下图　阿弥陀佛像

阿弥陀佛

意译为无量光佛，或无量寿佛。是西方极乐世界的教主，净土宗主要信仰的对象，是中国佛教界最熟悉的如来。据《无量寿经》记载，阿弥陀佛在成道以前是一位国王，在出家修行期间，曾发出四十八大愿，誓愿建立一个庄严的极乐世界，以救渡一切念佛名号的众生。在他成佛之后，任何人只要具足信愿行、如法念佛，一定会得到他的接引，往生至真至善至美的净土佛国。后世所谓“念佛”，多指念阿弥陀佛名号。

具足戒

指比丘、比丘尼应受持的戒法。由于受此戒，身具无量戒德，故有此称。又名具戒、大戒等。依戒法规定，受持具足戒即正式取得比丘、比丘尼的资格。

2

经典传译与编纂

随着佛教的传入，来华西域僧人和佛教学者日益增多，译经事业也随之发展。自东汉永平十年（67）至北宋靖康元年（1126）的千余年中，共有译师230多人，其中有史可征的印度在华僧人计71人。译出经、律、论5700余卷（现存），加上其他佛教著作和汉地著述，据日本《大正新修大藏经》收录为13520卷。

大乘经典的传译

佛经的大量翻译，始于东汉桓帝时（146 ~ 167）到中国的安世高和灵帝（168 ~ 190年在位）时的支娄迦谶。安世高虽以传译《安般守意经》等小乘经典为主，但其译籍中已有大乘经典。东汉光和二年（179），支娄迦谶译出《道行般若经》；西晋永平、元康之际（291 ~ 300），无罗叉、竺叔兰译出《放光般若经》。这些大乘经典开始流行，即与汉文化相结合。当时学者常以佛经与中国道家思想相比附，认为经中有关“空”的思想和老庄“无”的思想一脉相通。这对魏晋玄学的发展颇有影响。如王弼提出的“得象在忘言”“得意在忘象”的玄学命题和般若理论有密切的联系。

三国吴支谦于黄武二年至七年（223 ~ 228）间译出《大阿弥陀经》《维摩经》《大般泥洹经》等；魏康僧铠于嘉平四年（252）译出《无量寿经》；晋竺法护于太康七年（286）译出《正法华经》等154部309卷，其中包括般若、法华、净土等大乘经典。后秦弘始三年（401），鸠摩罗什至长安，以后十余年间，广译般若系经典及龙树、提婆的论典共 74 部 384 卷（据《出三藏记集》，为 35 部 294 卷）。昙无谶于北凉玄始十年（421）也译出《大般涅槃经》40 卷，佛陀跋陀罗于东晋义熙十四年至元熙二年（418 ~ 420）译出《华严经》60 卷，求那跋陀罗于南朝宋元嘉二十年（443）译出《楞伽经》4 卷，菩提流支于北魏永平元年（508）译出《十地经论》12 卷，真谛于南朝陈天嘉四年（563）译出《摄大乘论》3 卷及《摄大乘论释》12 卷，唐显庆五年（660）玄奘译出《大般若经》600 卷，般若系经典的传译工作基本完成。其后，不空与善无畏又分别译出《金刚顶经》《大日经》等。这些大乘主要经论的传译及僧人、学者竞相研习，形成大乘佛教思想发展的主流。

1915 年 3 月，佛学大师欧阳竟无居士（后排中）召集南京金陵刻经处研究部成员，商讨扩大佛教经卷刻印事务。金陵刻经处为近代中国刻印佛教经卷最多的机构，由杨文会创建，欧阳竟无继承接办。

大藏经的编纂

佛教及其经典传入中国前，印度已有四次三藏的结集，内容全属小乘。小乘三藏汉译多属北传之本。但自汉末迄宋，译出经籍6000余卷，则多属大乘，《开元释教录》著录1076部，5048卷，皆为写本。自北魏起始有石经，以隋代开始所刻房山石经最为完整。木版刻经，始自唐代，至宋开宝年间始刻全藏，历元、明、清、民国至今共编纂印行木刻和排印本大藏经22种。宋《开宝藏》初刻时共5048卷；金《赵城藏》共6900余卷；元《普宁藏》共6004卷；明《万历藏》共5997卷；清《龙藏》7168卷；民国《频伽藏》8416卷。近年，中国正在编辑《中华大藏经》（汉文部分），拟收23000余卷[1]，集汉译佛典及汉地佛教著述之大成。佛教原典，除巴利语系大藏经尚较完整外，大乘梵文原典大多失传，幸赖汉译得窥其内容，因而对佛学研究贡献甚大。

1　编辑注：《中华大藏经》汉文部分1997年已出齐；2011年，《中华大藏经》藏文部分编辑、出版工作亦完成。

赵孟頫《红衣罗汉图》，现藏于辽宁省博物馆。

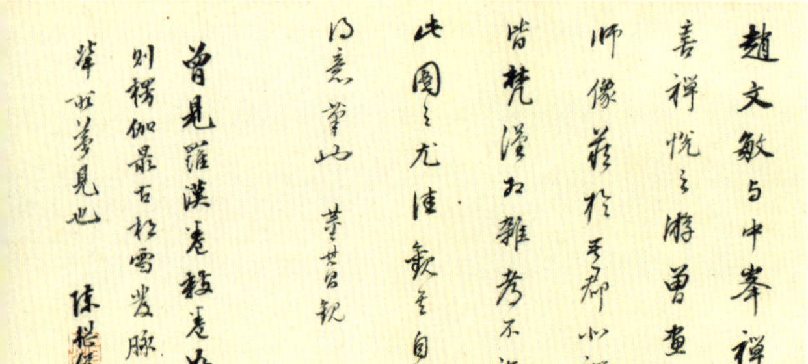

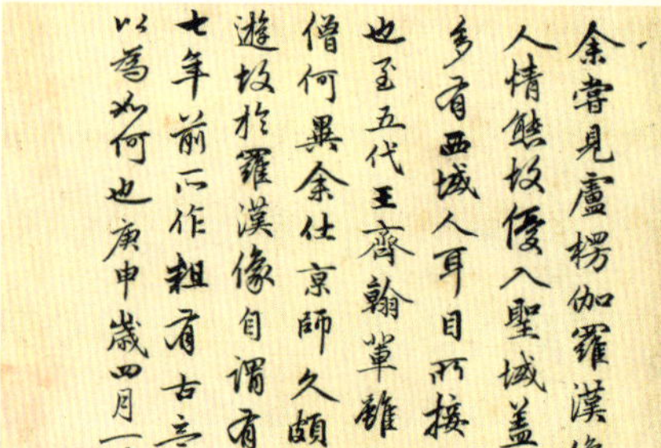

鸠摩罗什（344～413）

后秦僧人、译经家。又译鸠摩罗什婆、鸠摩罗耆婆，略作罗什。是与真谛、玄奘、不空齐名的中国佛经翻译史四大家之一。原籍印度，生于龟兹。幼年出家，初学小乘经典，后广习大乘经论，讲经说法，成为中观大师。精通汉语。后秦弘始三年（401），后秦皇帝姚兴亲迎鸠摩罗什入长安（今陕西西安），以国师礼待，并请他主持译场。此后他悉心从事译经和说法。据《出三藏记集》载，共译出经论 35 部 294 卷（据《开元释教录》，为 74 部 384 卷）。主要有《大品般若经》《小品般若经》《妙法莲华经》《金刚经》《维摩经》《阿弥陀经》《成实论》《十诵律》等。所译经典极为广泛，重点在般若系的大乘经典和龙树、提婆一系的中观派论书，对中国佛教的三论宗、天台宗、成实宗、净土宗产生了很大影响。其译经内容信实，文字流畅，有些经典后虽有新译，仍难以取代，在中国译经史上有划时代的意义。鸠摩罗什的弟子很多，著名的有道生、僧肇、道融、僧叡等，后世有什门八俊、四圣、十哲之称。

《大日经》

佛教密宗的根本经典之一。全称《大毗卢遮那成佛神变加持经》，亦称《毗卢遮那成佛经》。唐善无畏等译。7 卷。主要讲述密教的基本教义，密教的各种仪轨、行法等。经内所有密咒，全都写出梵字，并逐字用汉音对译。

昙无谶（385～433）

东晋僧人。中印度人。幼年出家，初学小乘兼究五明，后改学大乘。20 岁时能诵大小乘经 200 余万言，又擅咒术，西域称为大咒师。北凉玄始十年（421）至姑臧，受到北凉王沮渠蒙逊礼遇。学汉语三年后，以河西僧人慧嵩、道朗为助手，译出《大般涅槃经》《大方等大集经》等共 19 部 131 卷。在昙无谶译的《大般涅槃经》中，有“一切众生悉有佛性”之说，对中国佛教思想的发展影响很大。他的译本世称“北本涅槃”。后来，南朝宋谢灵运以谶译《大般涅槃经》勘合法显与佛陀跋陀罗的译本，改订文字成书，称“南本涅槃”。

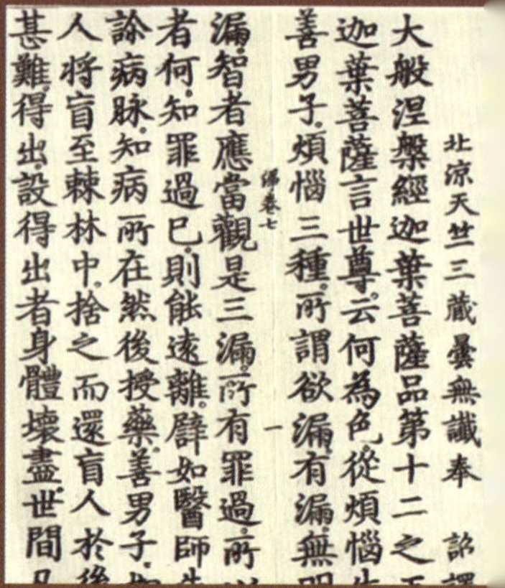
北凉天竺三藏曇無讖奉　詔譯
大般涅槃經迦葉菩薩品第十二之
迦葉菩薩言世尊云何為色從煩惱生
善男子煩惱三種所謂欲漏有漏無明
涅卷七
漏智者應當觀是三漏所有罪過所以
者何知罪過已則能遠離譬如醫師
診病脉知病所在然後授藥善男子如
人將盲至棘林中捨之而還盲人於後
甚難得出設得出者身體壞盡世間

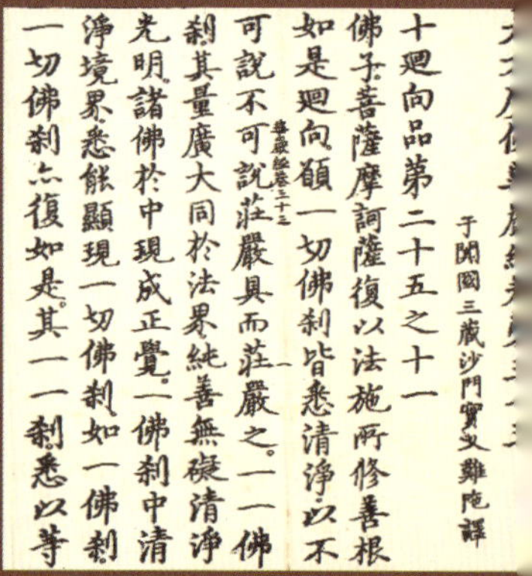
于闐國三藏沙門實叉難陀譯
十迴向品第二十五之十一
佛子菩薩摩訶薩復以法施所修善根
如是迴向願一切佛剎皆悉清淨以不
可說不可說莊嚴具而莊嚴之一一佛
華嚴經卷三十三
剎其量廣大同於法界純善無礙清淨
光明諸佛於中現成正覺一佛剎中清
淨境界悉能顯現一切佛剎如一佛剎
一切佛剎亦復如是其一一剎悉以等

《大般涅槃经》

佛教经典。亦称《大本涅槃经》或《大涅槃经》，简称《涅槃经》。北凉昙无谶译。40 卷。曾有多种译本。全经主要阐述佛身常住不灭、涅槃常乐我净、一切众生悉有佛性等大乘佛教思想。此经自印度传入中国后，影响很大。道生在庐山大讲《涅槃经》，主张顿悟，成为中国最初的涅槃师。其同学慧观则主张渐悟，与道生并为涅槃学派中的两大系。此后南北方陆续出现了很多涅槃师，盛行讲习，竞作注疏。

佛陀跋陀罗（359～429）

后秦时来华印度僧人。亦称佛大跋陀、觉贤。古印度迦毗罗卫国（今尼泊尔境内）人。族姓释迦，是释迦牟尼叔父甘露饭王的后裔。17 岁出家。聪颖而勤奋，博通经典，以精通禅定和戒律驰名。后去罽宾（汉魏时西域一国名），跟当时的大禅师佛大先进修，并在那里遇到中国僧人智严。智严邀请他到中国弘法。后秦弘始八年（406，另有九年或十年之说），佛陀跋陀罗到了长安，后因不习惯长安的世俗，又与鸠摩罗什产生不和，被迫与弟子慧观等 40 多人赴庐山，并在那里译出《达磨多罗禅经》2 卷。此后他又到过荆州、扬都（今江苏南京等地）。住扬都道场寺期间，与法显等译出《摩诃僧祇律》40卷、《大般泥洹经》6卷。后又创译《华严经》60卷，对中国佛学的发展产生了巨大影响。

《华严经》

佛教经典。全称《大方广佛华严经》，又称《杂华经》。在2世纪至4世纪中叶之间，最早流传于南印度，以后传播到西北印度和中印度。汉译本有3种：一为东晋佛陀跋陀罗译，60卷34品，称《旧（晋）译华严》或《六十华严》；二为唐实叉难陀译，80卷39品，称《新译华严》或《八十华严》；三为唐贞元中般若译，40卷，称《四十华严》，为经中《入法界品》的别译。各译本中，以唐译《八十华严》品目完备，文义畅达，最为流行。此经是华严宗的主要典籍。

《摄大乘论》

佛教大乘瑜伽行派的基本论书。简称《摄论》。印度无著撰。梵文原本已佚失。中国先后有北魏佛陀扇多、南朝陈真谛、唐玄奘所译的3种汉译本。此外，还有藏译1种。玄奘译本与藏译本十分接近。真谛和玄奘的译本影响大、流行广。此论比较集中地阐述了瑜伽行派的学说，尤其对成立唯识的理由、三性说及阿赖耶识等问题做了比较细致的论述，并强调它和小乘佛教及其他大乘学派的不同，从而奠定了大乘瑜伽行派的理论基础。

《金刚顶经》

阐说密教金刚界法门的经典，与《大日经》并称为“二部经”。有广、略两种，现仅存略本。金刚顶，即诸经中最高之意。略本，是从十万颂的广本中略出的精要。梵本今已不存。

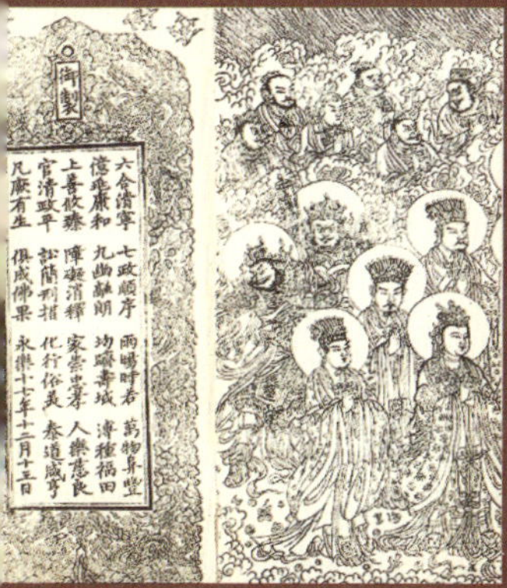

上图 《大般涅槃经》，明永乐五年（1407）印本，经首刻众僧礼佛图，有牌记“御制永乐五年八月初十日印施”。

下图 《华严经》明永乐十七年（1419）刻本

③

僧伽制度

僧伽制度是出家僧众遵行的戒律，汉地相传有五部。自唐代律宗兴起，推行《四分律》，基本上保持印度传统，但也具有自己的特点：①出家僧徒自东晋僧人道安以后一律以“释”为姓；②僧徒必须素食；③不行乞食，安居寺中修行，生活由寺供养，后来禅宗提倡农、禅兼修，僧人可务农自养；④僧人受菩萨戒，唐代已有烧身供养以示愿行坚固，以后逐渐变为燃顶（烧香疤）。1983年12月，中国佛教协会在《关于汉族佛教寺庙剃度传戒的决议》中，认为这种习惯“并非佛教原有的仪制，因有损身体健康，今后一律废止”。寺院一般都有住持（方丈）、监院、维那、知客等僧职。唐末禅宗盛行后，逐渐在全国寺院推行改订的《百丈清规》，对僧徒诵经的仪式和参禅、普请等活动，做了具体的规定。

清任熊绘的《传戒图》。戒师端坐在莲花座上，座下分站受戒僧众。

道安（312～385）

东晋僧人。俗姓卫，常山扶柳（今河北冀州西）人。18 岁（一说 12 岁）出家。曾因相貌黑丑受到师父冷落。后师事佛图澄。佛图澄死后，在山西、河南等地从事佛学研究和著述，讲经传法，并组织和参与译经。他对当时的佛教做出了很多贡献，如总结汉代以来流行的禅法与般若两系学说，整理新旧译的经典，编纂目录，确立戒规，主张僧侣以“释”为姓，为后世遵行。

释

中国佛教对释迦牟尼的简称。后又泛指佛教。东晋僧人道安主张僧侣以“释”为姓，为后世遵行。

菩萨戒

修大乘菩萨道者所应受持的戒律。弘传始于鸠摩罗什，受戒之作法则始于昙无谶在姑臧（今甘肃武威）授予道进等 10 余人菩萨戒。中国弘扬菩萨戒的宗派主要是天台宗。

烧身供养

烧身一是用以表伸至高无上的供养，二是为了消除业障。燃烧的位置，头顶、身、臂、指都可以。唐以后中国汉族地区僧尼受菩萨戒时，才在头顶上烧香疤。一般有一、二、三、六、九、十二点几种。十二点表示所受戒律中最高的菩萨戒。

普请

指寺院中集众从事作务劳役，如佛诞日摘花、晒藏，平时的洒扫、搬柴、摘菜等。

监院

寺院中总领众僧的职位名称，是一寺的监督。唐代设立监院一职掌理全寺事务。宋代因寺广众多，其职权分予都寺及监寺，不久，监院之名也改为监寺。监院负责应对官吏、参辞谢贺、探访施主、借贷往还、筹计一寺岁用、备办米麦酱醋、营办年节各大斋会等。

知客

寺院中负责接待宾客的僧职。现今寺院中知客还多兼任副司（会计），由执役僧交替担任。

参禅

佛教禅宗的修行方法，指学徒通过参究（反究内心、觅求心性）的方法，达到明心见性的目的，即参透自己的本来面目。“万缘放下，一念不生”是参禅的先决条件。

《冬月参禅图》，清朝“院画十二月令图”之一。“院画十二月令图”共十二张，是描绘宫廷十二个月生活的图画。画中描绘农历十一月宫廷的人们拜佛参禅的场景。

④

佛事活动与节日

佛事活动与节日主要有忏法、盂兰盆会等。忏法原为佛教忏悔罪愆的仪则和作法，起于晋代道安和慧远，历代相沿。盂兰盆会盛行于唐代，为每年农历七月十五日僧自恣日举行供佛及僧超度先灵的法会。宋以后又有水陆法会和瑜伽焰口，用以为众积聚“功德”超度先灵。半月布萨之制，在汉地早已形成习惯，每逢朔望之日，聚集礼佛、供养、诵经。

佛陀诞辰（农历四月初八）、成道日（农历腊月初八）、涅槃日（农历二月十五日）皆为佛教重要节日，其中以佛陀诞日最为重要。此外，观音和地藏菩萨在汉地民间信仰颇盛，每逢传说中两菩萨的诞辰等节日，亦多举行佛事活动。

敦煌莫高窟第 72 窟北壁（局部），弥勒经变部分。

慧远（334 ～ 416）

东晋僧人。俗姓贾，雁门楼烦（今山西宁武附近）人。成年后从道安出家。24 岁时登坛讲说，享有盛名。东晋太元三年（378），前秦军攻陷襄阳，道安为前秦所留。慧远率弟子数十人出走，太元六年住庐山，后在东林寺广收弟子，传播般若学和禅学，使禅法流行于江南各地。慧远在毗昙、中观、净土、禅法、律学等方面都有很大贡献，还被净土宗推为初祖。著述主要有《沙门不敬王者论》等。

僧自恣日

佛制每年有 3 个月僧众聚集一处修行，称安居。在中国，安居期为每年农历四月十六日至七月十五日，最后一天称僧自恣日。这天僧众举出各自所犯过失，在大家面前表露忏悔而得清净，自生喜悦，称为自恣。又十方诸佛欢喜其安居圆满之精进修行，故亦称佛欢喜日、欢喜日。

观音

即观世音菩萨，为佛教大乘菩萨。与大势至菩萨同为西方极乐世界阿弥陀佛的胁侍，世称他们为西方三圣。佛经说他大慈大悲，救苦救难，凡遇难众生诵念他的名号，菩萨即观其音声前往拯救。观世音菩萨的形象因其应化无方，故相状颇多。观音的信仰始自印度、中国西域，后传至中国西藏和内地，以及日本等国。西藏信仰观音尤盛，达赖喇嘛称是观音的化身。西晋时中国内地大兴观音的信仰，北魏以后造观音像之风益盛。中国寺院中观音塑像和图像多为女相，此风约始于南北朝，盛于唐代以后。相传观音显灵说法的道场在浙江普陀山。据称其生日为阴历二月十九日，出家日为九月十九日，成道日为六月十九日。

布萨

佛教徒的一种聚会名称。是比丘、比丘尼每半个月在一起进行说戒和忏悔的聚会。或指在家信徒各斋日的聚会。布萨制源自印度吠陀以来的祭法。佛陀时代，印度一般宗教都有举行布萨集会的习惯。佛陀也建立了布萨制。最初是信徒定期集会，由比丘为信徒说法。后来形成为说戒、忏悔的僧伽布萨。

法会

佛教仪式之一。又作法事、佛事、斋会、法要。是为讲说佛法及供佛施僧等所举行的集会。

地藏菩萨

在中国与观音、文殊、普贤并称为四大菩萨。据经典记载，地藏菩萨受释迦牟尼的嘱咐，出现于释迦牟尼入灭后至弥勒佛出世的无佛时代，有济度教化六道一切众生后始愿成佛的誓愿。因此，任何众生如果能够至心、如法念诵他的名号或供养他的图像，地藏菩萨就能使他脱离忧苦，得 28 种利益，并为其安置升天、涅槃之道。

甘肃敦煌莫高窟第 17 窟五代时期（10 世纪中期）《地藏十王图》。画中的地藏菩萨坐在岩座上，两侧有冥界的十五随从。和狮子出现在画面下的人物是沙门道明，为见证地狱的见闻，而再生还人世。最下面是拿着棍棒的牛头狱卒拉着被套住颈枷的死者的灵魂，前面的镜子会照出死者生前的恶业。

5

文化

佛教自传入汉地以来，即与中土传统文化相结合，并逐渐发展成为中国文化的一个重要组成部分，及至隋唐时期，达到了高峰。其中，在绘画方面，历代著名画家大都精于佛画。如三国时吴曹不兴、晋顾恺之和卫协并称为汉地最初三大佛画家。梁张僧繇于天监中为武帝所建寺院作画极多，北齐曹仲达与唐吴道子的画后世称为“曹衣出水”与“吴带当风”。特别是甘肃敦煌石窟壁画，集中地表现了中华民族的艺术才华，为世界上现存最大的艺术宝库。唐代盛行变文，用以讲述佛经故事，讲时多配合图画（变相），对后世鼓词、弹词等说唱文学影响很大。在雕塑造像方面，有东汉的孔望山佛教摩崖刻像，自北魏起又有各种石刻、木雕、金镂、漆塑、浇铸等造像艺术，形式多样，气魄宏伟，体现了中华民族的伟大风格，如敦煌、云冈、龙门石窟，均为世界文化之瑰宝。在建筑方面，历代佛教寺院不仅依照宫殿形式，而且多有发展，美轮美奂，为中国建筑艺术的精华。在音乐方面，相传陈思王曹植曾制鱼山梵呗，以后龟兹等地舞乐传入内地，逐渐形成了汉地特有的佛教音乐传统。此外，佛经的翻译和佛教的发展，对中国音韵学、翻译理论的发展也有很大影响。自鸠摩罗什译《大品般若》以后，译场组织完密，迄至唐代益臻完善。宋代更有译经院之设，以宰辅[1]为润文使[2]，成为国家正式机构。此外，伴随佛教传入的医药、历算等知识也对中国这些学科的发展起过一些促进作用。

1　编者注：辅政的大臣，一般指宰相。

2　编者注：宋代设立的修饰翻译佛经文字的官员。

《阿弥陀三尊像》，南宋普悦绘，收藏于日本京都清净华院。

敦煌莫高窟第 45 窟南壁（局部），观音变部分。

贰

藏传佛教

公历纪元前后，佛教开始由印度传入中国，经长期传播发展，而形成具有中国民族特色的中国佛教。由于传入的时间、途径、地区和民族文化、社会历史背景的不同，中国佛教形成三大系，即汉地佛教（汉语系）、藏传佛教（藏语系）和云南地区上座部佛教（巴利语系）。

藏传佛教，或称藏语系佛教（俗称喇嘛教），10 世纪后半期形成，13 世纪中开始流传于蒙古地区，至今，蒙古、土、裕固等民族，仍多信奉藏传佛教。

敦煌莫高窟第61窟南壁（局部），法华经变部分。（吴健／摄影）

①

历史

佛教在西藏的发展分前弘期和后弘期。前者自7世纪至838年朗达玛禁佛200余年。后者开始之年颇多异说，依仲敦巴之说，当始于978年，至今已达千年。

前弘期

开始时，吐蕃赞普松赞干布迎娶尼泊尔尺尊公主及唐朝文成公主，并为她们带去的佛像分建大昭寺和小昭寺。传说当时曾请印度人俱萨罗、尼泊尔人向达尔及汉人大天寿和尚译出少量经典，但未建立僧伽。据义净《大唐西域求法高僧传》记述，其时唐僧往还印度，多取道吐蕃，有的人还曾受到文成公主的礼遇。至赤德祖赞时又迎娶唐朝金城公主，修建了不少寺庙，汉地佛教随之传入。同时，因西域动乱及大食东侵，于阗及中亚等地的僧徒也大批流入吐蕃，赤德祖赞都予以收容。他还曾派人至冈底斯山迎请印度密教学者佛密和佛寂，二人辞谢未来。晚年，他又派大臣桑希等四人去汉地取回大量经典并带回汉僧一人。赤德祖赞死后，崇奉本教的贵族大臣掌权，发动第一次禁佛运动，驱逐汉、尼泊尔等地僧徒，拆毁寺庙。至赞普赤松德赞年长亲政，才又兴复佛教。赤松德赞时从印度请来寂护和莲花生，营建桑耶寺，度僧出家，建立僧伽制度，迎请译师翻译经典；还曾召集佛教徒与本教徒进行辩论以灭本兴佛，又举行汉僧与印僧的辩论以统一信仰。赤松德赞后又历牟尼赞普、赤德松赞两代，至热巴巾赤祖德赞在位时，请印、藏高僧审定译名，编辑梵藏辞汇，校订已译经典，编定三大译经目录。据迦登目录所载，在此以前译出的小乘、大乘、显、密的经、律、论、注共有700多种。他又规定"七户养僧"，任命僧人钵阐布[1]为大相，委以军政大权。最后，反佛大臣谋杀了赤祖德赞，拥立其兄朗达玛嗣位，禁止佛教在吐蕃境内流传。经过此次禁佛运动，至100多年（838～978）后，佛教才从多康地区重新传入西藏，开始了后弘期。

后弘期

藏传佛教正式形成。喇嘛一词，藏语意为"上师"。密教中尊师如佛，以上师居首而倡"四皈依"，有别于前期佛教之"三皈依"。这一时期中藏传佛教的特点，一为大量传译印度波罗王朝时期盛行起来的密教无上瑜伽部的经典和法门，一为以密教传承为主形成各种教派。传译工作至13世纪初基本结束。200多年中，不仅印度许多显密兼通的高僧到西藏传法译经，西藏也有大量僧人前往印度、尼泊尔学法，以后成为著名的译师。双方有名可考的译师达300余人。这些译籍以后都收入甘珠尔和丹珠尔中。1680年刻成的北京版，甘珠尔有1055部，丹珠尔有3522部，共4577部。1730年刻成的德格版，甘珠尔有1114部，丹珠尔有3559部，共4673部。日本以北京版为主影印的《西藏大藏经》收入甘珠尔1055部，丹珠尔4907部，共5962部。汉藏两种文字的大藏经相较互有短长。汉文大藏经中经藏有四"阿含"、《大涅槃经》、《大集经》等，律藏有《十诵律》《四分律》《弥沙塞律》等，

1 编者注：吐蕃后期执政僧官的名称。

承德普陀宗乘之庙

论藏有《大智度论》《大毗婆沙论》《成实论》《顺正理论》等重要典籍为藏译所无。而藏文大藏经在甘珠尔和丹珠尔中，译有大量密教无上瑜伽部的经、论、疏释及中观、因明、声明、医药、历算、工巧等论著，为汉译所缺。另外，西藏各派高僧的著述数量也很庞大，但都未入藏。藏文大藏经的蒙古文译本，始于元成宗时，至明神宗时完成甘珠尔的翻译，至清初章嘉呼图克图又完成了丹珠尔的翻译。藏文大藏经的满文译本完成于清乾隆末年。

藏传佛教的各派，是在后弘期中逐渐形成的。在前弘期中，只有佛本之争，佛教内部未有不同的派系。后弘期中因传承的不同而产生若干教派，较大的有宁玛派、噶当派、萨迦派、噶举派、格鲁派，较小的有希解、觉宇、觉囊、郭扎、夏鲁等派。本教虽为西藏原有宗教，但在后弘期中渐与佛教融合，其中一部分也成为佛教的一个派别。

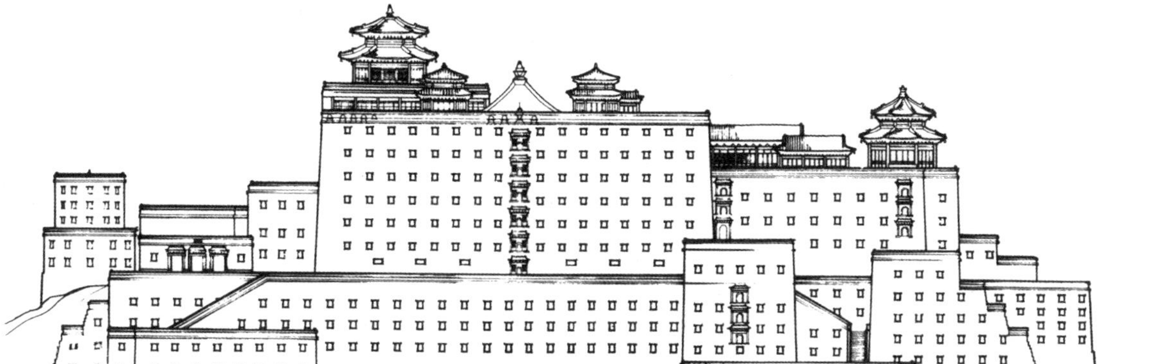

仲敦巴（1005～1064）

藏传佛教噶当派创始人。全名为仲敦巴·甲哇迥乃。西藏堆垅（今堆龙德庆）人。出身于富豪之家。曾师事阿底峡，但终生未出家。1056 年在热振（今西藏林周县境内）建热振寺，是噶当派的第一座寺院。

大昭寺

藏传佛教寺院。位于西藏拉萨市区。建于 7 世纪中叶。相传由与吐蕃赞普松赞干布先后联姻的尼泊尔尺尊公主和唐文成公主共同主持兴建。寺内原供奉尺尊公主带到吐蕃的不动金刚佛像（释迦牟尼 8 岁等身像），8 世纪前半期唐金城公主嫁到吐蕃后，将其移到小昭寺，而将文成公主带到吐蕃的觉卧佛像（释迦牟尼 12 岁等身像）迎至该寺供养。因“昭”为藏语音译，意为佛，故称大昭寺。全寺建筑以藏式为主，兼具唐代建筑风格及尼泊尔、印度的某些建筑艺术特色。寺内保存有唐代乐器及相传为文成公主使用过的石制盥洗用具等文物。明永乐七年（1409），格鲁派创始人宗喀巴发起大祈愿法会，此后每年藏历正月聚集数以万计的僧人在寺前诵经。乾隆五十八年（1793）以来，清廷确定的大活佛转世“灵童”的金瓶掣签仪式都在此寺举行。

小昭寺

藏传佛教寺院。位于西藏拉萨市北。7 世纪中叶，由唐文成公主主持藏汉工匠建造，竣工于大昭寺建成前后。建筑形式仿内地汉族寺庙，后几经焚毁，又依藏族形式重修。寺内装饰精美，有很多壁画、彩绘和金银饰物。壁画多为佛像和人物传记、历史故事及民俗等内容，色泽艳丽，体态生动。该寺原为格鲁派密宗经学院之一举堆札仓的所在地。

左图 西藏拉萨大昭寺顶部

右图 西藏拉萨小昭寺

寂护（705 ～ 762）

印度僧人。早年出家，大乘佛教自续中观派创始人清辨的五传弟子，在当时印度佛教界以精于因明而闻名。743 年受吐蕃赞普赤德祖赞之请入吐蕃传教，在拉萨主持将佛教典籍译为藏文。因受本教势力抵制，只停留 4 个月即前往尼泊尔。其间曾举荐莲花生到吐蕃传教。749 年再度到吐蕃，曾主持第一座建有僧伽组织的桑耶寺奠基仪式。762 年在吐蕃被马踢伤致死。著有《摄真实论》等。

本教

流传于中国藏族地区的古老宗教。俗称黑教。产生于藏族原始社会时期。在佛教传入西藏前曾广泛流行。7 世纪佛教传入西藏后，曾与佛教产生长达几个世纪的佛本之争。8 世纪以后，受到藏传佛教的影响，将一部分佛经改为本教经，并繁衍教义，而藏传佛教各派也吸收了本教的若干内容与仪式。现西藏东部和北部的部分地区仍有本教流行。本教主要崇拜天、地、水、火、雪山等自然物及守护神和祖先，并崇尚念咒、驱鬼、占卜、禳祓等仪式。经典主要有五宝库，即基础宝库、高山宝库、纯洁宝库、总宝库、行宝库。主要著作有《十万龙经》，其中又分为花、黑、白三部分。

阿含

原始佛教的基本经典。各类阿含经的统称。为梵文的音译，意指“教说”或“依师弟传承的教说”。主要内容基本上是以一种言行录的体裁，记述释迦牟尼所说及其直传弟子们的修道和传教活动，阐述当时“外道”的学说及释迦牟尼对他们的批驳。其中所述佛教的基本教义有四谛、八正道、十二因缘、缘起、无常、无我、五蕴、善恶报应、轮回等。小乘佛教各派均以阿含为宗。小乘律、论也都引述或阐发阿含的内容。阿含经是研究佛教产生及原始佛教教义的主要典籍。一般认为，第一次结集时已确定了阿含经的基本内容，约公元前 1 世纪写成文字。按经文篇幅长短，北传佛教分为《长阿含经》《中阿含经》《杂阿含经》《增一阿含经》四部，南传佛教分为《长部经典》《中部经典》《相应部经典》《增支部经典》和《小部经典》等五部。

甘珠尔

意译为教敕译典。为西藏大藏经二藏之一。又称正藏。为西藏所编有关释迦牟尼所说教法的总集，包括经藏与律藏两大部门。

左图　西藏冈底斯山的主峰冈仁波齐，是本教的发源地。相传本教祖师敦巴辛绕从天而降，就降落此山。本教的 360 位神灵也居住在这里。

下图　内蒙古自治区出土的清代文物——甘珠尔经书。

章嘉呼图克图

清代掌管内蒙古地区藏传佛教的大活佛。原出于青海廓隆寺。第一世扎巴悦色，生于青海省互助县红崖子张家村，由此而得名“张家活佛”。后改“张家”为“章嘉”。第二世阿旺罗桑曲丹，曾入藏学经，师事达赖五世，康熙四十四年（1705）被清廷封为呼图克图（长生不老之人）、大国师，颁金印，并委以总管内蒙古佛教事务。乾隆元年（1736）授以第三世茹贝多吉“管理京师寺庙喇嘛札萨克达喇嘛振兴黄教大慈大国师”名号，遂成定制。乾隆五十七年，清政府规定其转世须经清廷主持的金瓶掣签决定。

丹珠尔

意译为论述译典。为西藏大藏经二藏之一。又称副藏、杂藏、续部等。内容包含诸论师教语、注释书、密教仪轨、记传、语言、文字等甘珠尔所未收入的内容。

②

僧伽制度

藏传佛教奉行说一切有部戒律，各派对大乘菩萨戒及密宗根本戒等也都遵行。但在后弘期中如噶举及萨迦两大派创宗传法者大多有妻室，宁玛派因经历禁佛而在家庭中世传，故严格按照戒律建立比丘僧伽制度立寺推行的只有格鲁派。但其他各派也非全无具戒比丘。寺院组织因派别及寺院大小各不相同。格鲁派后来曾形成政教合一制度，以教统政，大寺院中的僧职亦可起官职作用。西藏的大寺远望与汉地大寺相似，其实内部如一小型城镇，除殿堂、僧舍、灵塔、经幢外，尚有私人住宅及街巷等，形成一自给自足之社会。

以格鲁派拉萨三大寺为例。寺中僧众集体构成札仓（经学院）。有一住持称“堪布”，实即汉译之“和尚”。堪布总理寺务，能代表寺院出席地方政府重要会议。堪布以下设有喇让强佐一人，为堪布的总管；格贵一人，俗称铁棒喇嘛，维持纪律秩序，查处犯戒及各种纠纷；翁则一人领众诵经；雄来巴一人管理僧众学经、辩论及考试格西学位事务。以上职务由堪布自行任免。札仓下另设“康村”一层组织，按地区划分僧众。此一级组织在各寺中多少不一。如哲蚌寺的罗色林札仓即有23个康村。每一康村另设管理事务职事若干人。在大寺中常有数个札仓又合设一最高管理机构名喇吉，采取委员制，各札仓的堪布为当

大昭寺佛殿

然委员，从中选出年资最高者为赤巴堪布，俗称法台。喇吉下另设吉索二至四人为全寺大总管；磋钦协敖两人为全寺铁棒喇嘛，俗称大铁棒喇嘛；磋钦翁则一人领全寺僧众诵经。另各派皆有活佛转世制度。活佛藏语称朱古，即化身佛，有大、中、小之分，选定条件各不相同。在格鲁派中，班禅为无量光佛[1]化身，达赖为观音化身，为最大活佛。另外甘丹寺、哲蚌寺、色拉寺又有磋钦朱古为全寺活佛，札仓朱古为每札仓内活佛。磋钦朱古中也有大小的区别，最高为甲波朱古，有在新达赖未亲政前担任摄政的资格。其他活佛也都享有不同的政治、经济和宗教上的特殊地位，有各自的喇让（馆舍）和执事人员。

西藏僧人的学制和学位在格鲁派中有严格规定。有资格的学僧称贝恰哇即读书者，一般从入寺起至考取格西学位需 20 ~ 25 年。如能出钱免服寺中劳役，称为群则（法行者），学程可以缩短一半以上。在显宗札仓学习的内容以五部大论为主，学习完毕即可申请参加辩论考取学位。学位总称是格西，即善知识或善友。在三大寺系统中格西又分四级，即拉然巴、磋然巴、林赛和朵然巴（或称日然巴）。已得格西学位的僧人如再进密宗学院学习时则称为佐仁巴，由此可逐步上升为格郭、喇嘛翁则、堪布、堪苏、夏孜却杰及绛孜却杰，后二者 7 年一届轮流升任甘丹墀巴，为格鲁派教主，享有与达赖、班禅、萨迦法王同等尊荣，任满后得荣誉称号赤苏，死后有作为活佛转世的资格。

1　编者注：即阿弥陀佛，亦称为无量寿佛。

班禅

即班禅额尔德尼。藏传佛教格鲁派地位最高的两大活佛之一。“班禅”是梵语“班智达”（学者）与藏语“禅保”（大）的省称，意为“大学者”。“额尔德尼”是满语音译，意为“宝”。班禅名称始于罗桑却吉坚赞，清顺治二年（1645）由蒙古和硕特部固始汗赐以尊号，即班禅四世（前三世为追封）。康熙五十二年（1713），清中央政府册封班禅五世罗桑意希“额尔德尼”称号，并颁金册金印，从此正式确立班禅额尔德尼的地位，由他分管后藏部分地区政教事务，常驻扎什伦布寺。此后班禅转世需经中央政府册封，成为定制。

达赖

即达赖喇嘛。藏传佛教格鲁派地位最高的两大活佛之一。达赖，蒙古语意为大海；喇嘛，藏语意为上人或上师。明万历六年（1578），索南嘉措（1543～1588）应蒙古土默特部俺答汗的邀请，赴青海传教，俺答汗赠予其达赖喇嘛的尊号，称为三世达赖喇嘛，是达赖喇嘛名号的开端。扎什伦布寺的建立者根敦主，被追认为第一世达赖喇嘛。清顺治十年（1653），清政府正式册封五世达赖喇嘛，确定达赖喇嘛为各派总首领的地位，移住布达拉宫。以后每代达赖喇嘛转世更迭都由中央政府册封，形成定制。

③

佛事仪式与节日

藏传佛教既有前弘期的传承，又全盘接受了印度晚期大乘盛行的无上瑜伽部密宗，传承千差万别，仪轨极为繁复，学者各尊所传，各行其是，情况远比汉地佛教复杂。大体上，寺僧上殿诵经，高僧讲经说法，举办大型法会等显宗法事和汉地佛教基本相同。至于密宗传法灌顶及修法仪式则按各派各法传承仪轨举行，种类极多，为汉地佛教所无。

西藏民间传统节日充满佛教内容或带有佛教色彩，故与佛教本身节日无从严格区别。各地各派的节日活动也不一致。一般说来，纪念佛诞为藏历四月上弦七日，和汉地相近。拉萨每年正月举行祈愿法会长达一月余。六月底七月初举行的雪顿节，系由夏安居衍变而来。七月底举行望果节为庆祝丰收。青海塔尔寺于每年正月十五灯节展出酥油花，正月初八至十五日举行祈愿大法会，四月初八至十五日举行四月法会纪念释迦牟尼的诞生、成道与涅槃。六月初三至初八举行纪念释迦牟尼三转法轮大法会，九月二十日至二十六日举行纪念释迦牟尼降凡大法会。

飞天壁画（摹本）

雪顿节

在藏语中，“雪”是“酸奶”的意思，“顿”是“宴”“吃”的意思，雪顿节即为吃酸奶的节日。它起源于11世纪中叶，最早是一种纯宗教节日活动。藏传佛教祖师宗喀巴为僧徒制定了夏安居制度，即僧徒在夏季只能在室内修习，不许到户外活动，以免违背佛祖不杀生的戒律，他们在寺庙里要行长净、夏安居直到解制。到藏历六月底七月初解禁的日子，老百姓以酸奶敬奉给解禁的僧人。17世纪中叶，增加了在罗布林卡演出藏戏的内容，并允许百姓观看，这样雪顿节逐渐演变和固定成以藏戏会演和展佛为主、文娱与宗教相结合的重要节日，所以又被称为藏戏节、展佛节。

④

文化

佛教开始自汉地传入西藏，以后又直接自印度传入。在前弘期中，汉、印两系佛教在西藏都有影响。汉、印两地高度发展的工艺美术也一并传入，故莲花生主持兴建的桑耶寺即采用印、汉、藏三式，这种兼收并蓄，博采众长，取精用宏的作风在西藏民族文化中随处可见。西藏文字虽仿梵文字母制造，但书法汲取汉字的正、行、草三体并行的方式，尤以草体迅捷酣畅，别具一格。西藏医学以《四部续》集其大成，其中医药理论及医疗技术明显地综合会通了汉、印、藏的医学成果，并吸收当时西域、中亚的医术，形成独具特色的“藏医”；以后传入蒙古地区，又发展而成“蒙医”。

后弘期之初，北宋已完成统一大业，而西藏统一的地方政权已经解体。北宋大中祥符八年（1015）唃斯罗遣使入贡，宋朝以对藩属之礼给予厚赐。元、明、清三代藏族与内地关系更加密切，政治、经济日益融合为一体。故此期藏传佛教虽以全盘接受当时印度流行之无上瑜伽部密宗为主，但文化上受汉文化之影响更大。寺院等建筑，大多采取汉地宫殿形式而又有所发展，规模宏大，气势雄伟，雕梁画栋，备极精巧。如拉萨之布达拉宫及甘丹寺、哲蚌寺、色拉寺和青海塔尔寺等为古代伟大建筑中的杰作。尤其因为密宗注重像设，因而使藏传佛教发展了雕塑、绘画

西藏日喀则扎什伦布寺强巴大佛，也称弥勒佛和未来佛。

的技巧。藏地各种佛教造像，无论雕、镂、塑、铸都能注重体型比例，栩栩如生，极为精美。大型造像如扎什伦布寺大弥勒铜像高 26 米，北京雍和宫旃檀木雕大弥勒像高 18 米，造型生动庄严，工艺巧妙精湛，具有高度的艺术水平。西藏各种刻版佛经，雕印工艺也很精美，尤以各种御赐及藏地金字藏经写工之精妙，装潢之瑰丽，为民族文化之奇珍。至于彩绘画像更以布局设色见长，纤细入微，形成特殊的艺术风格。另外，藏族使用的历法，以无上瑜伽部时轮金刚经所传历法为主，参用汉地传入的历法，从 1027 年（丁卯）开始，每 60 年为一“饶琼”，用干支纪年与汉地农历同。

青海西宁湟中县鲁沙尔镇塔尔寺广场的八宝如意塔，建于清乾隆四十一年（1776），自东向西依次为莲聚塔、菩提塔、四谛塔、神变塔、降凡塔、息诤塔、胜利塔、涅槃塔，传说为纪念佛祖释迦牟尼一生之中的八大功德而建造。

扎什伦布寺

藏传佛教格鲁派寺院。为历代班禅驻锡之地。位于西藏日喀则。明正统十二年（1447）由宗喀巴弟子根敦主兴建，后又有扩建。全寺建筑面积约30万平方米。错钦大殿为此寺最早建筑。殿前有一个500平方米的讲经场，是班禅向全寺僧众讲经和僧人辩经的场所。大殿内可同时容纳2000多人诵经。最宏伟的建筑是人弥勒殿和历世班禅灵塔殿。大弥勒殿供奉的1914年由九世班禅确吉尼玛主持铸造的弥勒坐像，总高26.2米，共用黄铜231400斤，黄金6700两，是世界上最大的铜佛坐像。该寺有脱桑林、夏孜、吉康、阿巴四个札仓（经学院）。印经院藏有著名佛经和历世班禅传记的印版，其中以30多卷本的《宗喀巴传》最为有名。寺内珍藏有大量金银玉器、封印、佛像、瓷器、织品等重要文物。

扎什伦布寺

敦煌莫高窟第323窟南壁（局部），昙延法师祈雨部分。

叁

云南地区上座部佛教

公历纪元前后，佛教开始由印度传入中国，经长期传播发展，而形成具有中国民族特色的中国佛教。由于传入的时间、途径、地区和民族文化、社会历史背景的不同，中国佛教形成三大系，即汉地佛教（汉语系）、藏传佛教（藏语系）和云南地区上座部佛教（巴利语系）。

云南傣族等少数民族信奉的佛教，属巴利语系，亦即南传的上座部佛教，它和北传的小乘佛教在教义、学说上都有不同的发展且各具特色。中国汉文大藏经中关于北传小乘的经、律、论三藏都有比较完备的译本。高僧法显曾到师子国抄写经律，但所携回译出的《杂阿含经》原本是否为巴利语已不可考。南朝齐永明七年（489）译出的《善见律毗婆沙》和梁天监十四年（515）译出的《解脱道论》则出于南传。中国律宗奉行的法藏部《四分律》也和南传同一系统。律宗解释律义即常引《善见律毗婆沙》之说。中国出家尼众的得戒最初也由师子国比丘尼铁萨罗等 10 余人前来传授。故汉地戒律与南传有很深渊源。在教义方面也有很多共同的内容。在南传三藏中《小部》的《本行藏》即集录各种波罗蜜行的事迹，承认佛道不与声闻道共，为大乘理论之先河。尤其主张“心性本净，为客尘染”的思

云南傣族的佛塔

想，也符合南天竺一乘宗[1]的“含生同一真性，客尘障故”的初期禅宗根本思想。近代研究发现，达摩的壁观，可能与南传定学从地遍[2]处入手应用地色曼荼罗有关。由此可见，南传巴利语系佛教与汉传大乘佛教具有深厚错综的关系。

南传巴利语系上座部佛教有史料可征的约在 7 世纪中由缅甸传入中国云南傣族地区。最初未立塔寺，经典亦只口耳相传。约在 11 世纪前后，因战事波及，人员逃散，佛教也随之消失。战事平息后，佛教由勐润（今泰国清迈

1 编者注：达摩传给慧可的禅宗别称。

2 编者注：南传上座部佛教的一种修定方法。

一带）经缅甸景栋传入西双版纳，并随之传入泰润文书写的佛经。这就是现在傣族地区的润派佛教。此外，另有缅甸摆庄派佛教传入德宏州等地。至南宋景炎二年（1277）傣文创制后始有刻写贝叶经文。明隆庆三年（1569），缅甸金莲公主嫁与第十九代宣慰使刀应勐时，缅甸国王派僧团携三藏典籍及佛像随来传教。最初在景洪地区兴建大批塔寺，不久缅僧又将佛教传至德宏、耿马、孟连等地，尔后上座部佛教就盛行于这些地区的傣族中。

经典内容和南传巴利语系三藏相同，但编次稍有差别。三藏典籍有巴利语的傣语译音本及注释本和部分重要经典的傣语译本，还有大量的傣族、布朗族的著述，除经典注释外，还有天文、历算、医药、历史、诗歌、传说及佛经故事等。

现在云南地区上座部佛教按其名称可分为润、摆庄、多列、左抵四派，又可细分为八个支派。傣族男童达到入学年龄必须出家为僧，在寺院中学习文化知识，接近成年时再还俗。个别被认为优秀的，可继续留寺深造，并按僧阶逐步升为正式僧侣。僧阶大体可分帕（沙弥）、都（比丘）、祜巴（都统长老）、沙密（沙门统长老）、僧伽罗阇（僧王、僧主长老，这一僧阶长期以来虚职无人）、帕召祜（阐教长老）、松迪（僧正长老）、松迪阿伽摩尼（大僧正长老）等八级。或在帕之前增帕诺（行童）一级，在都之后增都龙（僧都）一级则为十级。自五级以上晋升十分严格，最后两级在整个西双版纳地区只分别授与傣族和布朗族各一个，成为地区最高宗教领袖。

《达摩面壁图》（部分），此画以幽静的环境来衬托达摩的性格，以大面积色块渲染出人物的姿态，以艳丽夺目的表象反衬人物清心禅定的内心，突出了佛门所说的“五蕴皆空”的无碍境界。

达摩的壁观

菩提达摩（? ～ 536）是南北朝时期的禅僧，略称达摩或达磨。中国佛教禅宗的创始人。南印度人，属婆罗门种姓。通彻大乘佛法，为修习禅定者所推崇。北魏时，曾在洛阳、嵩山等地传授禅宗。传说达摩住在嵩山少林寺时，曾面壁打坐 9 年，世称“壁观婆罗门”。菩提达摩在北魏传授的是以《楞伽经》为依据的独特大乘禅法。他提出了“理入”和“行入”的“入道”途径。“理入”即“壁观”。其大乘壁观主要是喻人心如墙壁，中直不移，从认识上舍伪（抛弃现实世界）、归真（追求超现实的真如世界）、无自（否认个人存在的真实性）、无他（否认他人以至整个客观世界存在的真实性），排除一切执见。“行入”即报怨行、随缘行、无所求行、称法行，着重于劝人在日常生活中去掉一切爱憎情欲，严格按佛教教义苦下工夫。

曼荼罗

梵语音译，意译为坛城、聚集等。在古代印度，原指国家的领土和祭祀的祭坛。后一般指将佛、菩萨等尊像，或种子字、三昧耶形等，依一定方式加以配列的图样。由于曼荼罗也被认为有“证悟的场所”“道场”的意思，而道场是设坛以供如来、菩萨聚集的场所，因此，曼荼罗又有“坛”“集合”的意义。因此，聚集佛、菩萨的圣像于一坛，或描绘诸尊于一处者，都可以称之为曼荼罗。一般分为四种，称为四种曼荼罗，即大曼荼罗（诸尊具足相好容貌的图画）、三昧耶曼荼罗（将表示本尊的法器、持物，以图示象征的三昧耶图绘表示）、法曼荼罗（诸尊的种子及真言，或书写种子梵字于诸尊的本位，或以法身三摩地及一切经论的文义等来表现）、羯磨曼荼罗（将诸尊的威仪事业铸造成像，形成立体、行为的三度乃至四度空间的行动性曼荼罗）。

西藏曼荼罗。有固定的象征模式。它的外部有一圈火焰光环，能起到驱散旁观者的不洁、保护内部的作用。一圈金刚表示启迪的不灭，莲花瓣表示净土的本性。在这些圈之内是一座宫殿，有四面墙及四扇开启的门，代表整个世界。中间坐着首神，冥思者试图与他成为一体。

云南大理崇圣寺三塔，集汉传佛教、藏传佛
教、南传上座部佛教为一体。

敦煌莫高窟第 257 窟北壁（局部），须摩提女因缘故事部分。

附录

其他国家和地区的佛教

佛教是与基督教、伊斯兰教并列的世界三大宗教之一。公元前6世纪至前5世纪，释迦牟尼创建于古印度。以后广泛传播于亚洲很多国家和地区，对许多国家的社会政治和文化生活产生过重大影响。

日本佛教

林子青/文

1

初传时期

日本佛教是北传佛教之一。佛教传入日本，已有1400余年的历史。

一般以日本钦明天皇十三年（552）百济的圣明王进献佛像、经论、幡盖和上表劝信佛法，为佛教传日之始。一说是继体天皇十六年（522），南梁司马达等来到大和，建立草堂，安置佛像礼拜，为日本知有佛教之始。不过，当时世人不知佛像为何物，视为异域之神未加崇奉。百济的佛像传入日本以后，在朝廷贵族之间，引起激烈的争论。天皇乃依请求将佛像交给大臣苏我宿祢稻目试行礼拜。稻目舍出向原的住宅安置佛像。后疫病流行，屡有死亡，大臣物部舆认为是国神的谴责，奏将佛像投于难波（今大阪）的堀江，并烧毁供佛的殿堂。苏我氏和物部氏之间的信仰之争，实际上反映了皇室和苏我氏为代表的主张接受大陆政治制度和宗教文化，与以物部氏和大伴氏为代表的贵族反对接受大陆政治文化的政治之争。

镰仓时代《观世音菩萨普门品》(局部)

圣德太子与佛教

佛教在日本流传后40年，为日本飞鸟时代的开始。圣德太子摄政，下诏传播佛教，贵族大臣竞造佛寺，从此佛教广传于日本。推古三年（594），高丽僧慧慈、百济僧慧聪来到日本，说法于法兴寺。圣德太子奉慧慈为师，学习佛教。推古十二年，圣德太子制定宪法17条，其第2条就是“笃敬三宝”。由于圣德太子的弘扬，日本佛教很快得到流传，据推古三十二年统计，时有寺46所，僧816人，尼569人。

大化改新

圣德太子死后25年，日本发生了“大化改新”，即模仿中国唐代文物制度，进行政治、文化、经济等方面的改革，建立了中央集权制度，完成了国家的统一。由于促进这个革新运动的中心人物，如被任命为国博士的高向玄理、僧旻等，都是入唐留学僧，故使佛教进入一个新时期。大化元年（645）在百济大寺召集僧尼，颁布了兴隆佛教的诏书，首次任命十师，并设置法头检查全国各寺僧尼，对于僧尼脱籍的寺院，都施给土地，天皇还资助建造寺院。

②

奈良时代（710～784）

圣武天皇治世的天平年间，奈良佛教极盛，有五大寺。天平十三年（741），又敕建东大寺，并于诸国建国分寺，以东大寺为总国分寺，统辖国分寺。

东大寺是圣武天皇发愿，良辨僧都奠基，行基菩萨劝化，天竺婆罗门僧菩提仙那导师完成的。他们被称为东大寺的四圣。所铸毗卢舍那佛，称为奈良大佛，是日本最大的佛像。中国唐代鉴真受请赴日传戒，天平宝字三年（759）于奈良建立唐招提寺。天平宝字八年，又于奈良之西建立西大寺，与东大寺相对。于是有了奈良七大寺。

南都六宗

在飞鸟时代至奈良时代之间，直接和间接从中国传入了六个佛教宗派或学派，即三论宗、法相宗、俱舍学派、成实学派、华严宗和律宗，称奈良六宗。后迁都平安（今京都），又被称为南都六宗。

三论宗以高丽僧慧灌为初祖。慧灌曾入唐从嘉祥吉藏学三论，推古天皇三十三年（624）赴日，把三论传入日本。慧灌门下，人才颇多，福亮为其高足。其弟子智藏入唐后回国进行讲学，为三论宗第二传。智藏弟子道慈亦入唐，广学经典，回国后传三论之学，为三论宗的第三传。成实学派在中国曾盛极一时，出了不少学者，但传到日本却未独立成宗，被称为三论宗的附宗。

法相宗是道昭传入日本的。道昭在白雉四年（653）随遣唐使入唐，受教于玄奘，与窥基同学，在唐 7 年，回国后住奈良元兴寺，并巡历各地，大

VIEW HOTEL

弘法相唯识。文武天皇四年（700）寂于元兴寺禅院，遗言火葬，为日本实行火葬之始。道昭之后，智通、智达亦入唐，从玄奘、窥基师徒学法相宗。不久，智凤、智鸾、智雄等，亦依敕入唐，从智周学唯识教义。以上三传，第一、二传合称为南寺传或元兴寺传，第三传称为北寺传或兴福寺传。时有行基者，曾受教于道昭学瑜伽和唯识，其足迹遍及全国，广建寺院，架桥修路，周济贫民。天平十七年（745），受任为大僧正，日本大僧正之官自此始。此外还有玄昉，也曾入唐学法相 18 年，带回大量藏经，被称为法相宗的第四传。俱舍宗附属于法相宗。

华严宗是因新罗僧审祥在日本开讲《华严经》而成立，故审祥被奉为华严宗初祖，以请他宣讲《华严经》的良辨僧正为第二祖。审祥初住大安寺，后任东大寺别当（住持），主持寺务和法务。其弟子相续，后受持此宗，并以东大寺为华严宗本山。审祥的老师是中国华严宗的第三祖法藏，所以他的法脉也间接传自中国。

律宗是奈良六宗中最后传入的宗派，开始有兴福寺的荣睿与大安寺的普照，鉴于日本戒律不兴，入唐求律，并敦请鉴真东渡。鉴真曾 5 次航行失败，经过 12 年苦心精进，始到达日本，而荣睿则于途中病故。鉴真到日本后，先在东大寺佛殿前建筑戒坛，为天皇、皇后和皇太子等授菩萨戒，一时受戒的达 400 余人，继于寺内建戒坛院，为随从比丘依受戒羯磨（作法）重受新戒。后在唐招提寺终其一生。生前由其弟子所塑的遗像，至今犹存，为日本的国宝。

此时期的日本佛教除从中国引进外，本身没有创新，但制度逐渐完备，从僧官的设置、僧位授予、僧侣的品行衣食住所，均有详细规定。佛教被作为镇护国家的要法，与政治关系密切，僧侣待遇优厚。寺院都建于城市，被称为“都市佛教”。但僧侣在朝廷的支持下，兼并土地，秽乱法门，出现了堕落的趋势。

3

平安时代（784～1192）

平安时代，或称平安朝。这一时期，日本仍不断向唐朝派遣使节和留学生，学习进步的工艺、美术和宗教等，通过遣唐使传入中国进步的文化。其时日本天台、真言二宗相继创立。唐贞元二十年（804），最澄、空海奉敕随遣唐使藤原葛野麿到中国求法。回国后，最澄在比睿山创立日本天台宗，成为台密的创始人；空海在高野山创立日本真言宗。两者后被称为“平安二宗”。

最澄、空海之后，密教大盛，主要流行于贵族之间。继他们入唐学密的，东密除空海之外，有常晓、圆行、慧运、宗睿；台密除最澄之外，有圆仁、圆珍。这八人被称为“入唐八家”。

神佛习合与新宗派的产生

在平安时代，日本佛教中出现了两种倾向：一种是要使本国固有的神祇崇拜，与外来的崇拜佛、菩萨相融合，即所谓“神佛习合”思想。在佛寺的境内可以建神社，在神社的境内也可以建佛寺，神号与佛号一致。这种思想一直到明治维新时期提出“神佛分离”之说后才结束。另一种是对教理深奥流传于贵族中的天台宗与真言宗等表示不满。引起净土思想渐次普及，以至后来产生了净土宗、真宗、禅宗、日莲宗等许多宗派。

中国晚唐时期，禅宗极盛，然尚未正式传入日本。9世纪时，嵯峨帝皇后桔氏，笃信佛教，特别崇仰中国马祖道一法嗣盐官齐安的禅风，特派僧慧萼来华延请齐安。齐安推荐高足义空应请。义空率法弟道昉东渡，初住京都东寺。皇后时请入宫，询问禅要，后创建檀林寺，被请为开山，桔氏遂被称为檀林皇后。义空以当时日本天台、真言二宗正盛，不立文字的禅宗不易推行，居日数年，借故离日回国。其后慧萼再度入唐，于五台山请得观音圣像，唐大中十二年（858）回国至普陀山洋面时，船不能进，因而上陆建寺，供奉观音，普陀山遂为中国佛教四大道场之一。此后，日本到中国有名高僧有奝然、成寻、俊芿等。奝然于太平兴国八年（983）入宋，为太宗召见，住太平兴国寺。后历访各地巨刹和当时名僧；雍熙四年（987）回国，赍回宋版大藏经和旃檀释迦像（亦称旃檀瑞像），至今犹存于京都嵯峨清凉寺。成寻于熙宁五年（1072）入宋，过长江时，曾受到金山寺宝觉务周的斋请；后于太平兴国寺与日称、天吉祥等参加译经，赐号“善慧大师”；元丰四年（1081）示寂于开宝寺，敕葬天台山；著有《参天台五台山记》《观心论注》等。俊芿于宋宁宗庆元五年（1199）入宋，历游两浙名刹；就四明景福寺了弘学戒律、松江超果寺宗印学天台教义；南宋嘉定四年（1211）赍律部书327卷、天台章疏716卷、华严章疏175卷及其他杂书共2000余卷回国；后为京都泉涌寺开山，真言律宗之祖。

这一时期的日本佛教，因受盛唐的影响，多在名山建立寺院，开创了日本的“山岳佛教”；与政治的联系也不如前代那样密切，可以说从政教合一转变为政教并立。佛教的任务是祈祷国家平安。以后的日本佛教派别，不再单纯是中国的佛教。最澄的天台宗已是台、密、禅、律的“四宗合一”“圆密一致”。空海的《十住心论》对佛教本身来说是一种发展。

《释迦三尊像》(局部)

日本镰仓时代《观世音菩萨普门品》（局部）

④

镰仓时代至安土桃山时代（1192～1603）

这一时期历经南北朝时代（1333～1392）、室町时代（1392～1573），直至安土桃山时代（1573～1603）为止，除前代各宗延续外，又建立了净土宗和禅宗，还产生了日本特有的净土真宗、时宗及日莲宗等派别。

净土系宗派的勃兴

净土思想早已传入日本，但净土宗却是源空依中国唐代善导的《观无量寿佛经疏》深信弥陀本愿理论而创立。源空应藤原兼实之请，撰《选择本愿念佛集》，标榜“偏依善导”，专修念佛，建立净土宗。他门下有圣光的镇西派、证空的西山派、隆宽的长乐寺派、觉明的九品寺派和幸西的一念义派，合称为净土五流。此外属于净土系的还有融通念佛宗和时宗，为第二次世界大战前十三宗中之二宗。

自净土宗分出的还有以亲鸾为宗祖的净土真宗，亦称“真宗”“一向宗”。亲鸾撰《教行信证文类》6卷，作为创立净土真宗的根本圣典。真宗以净土三部经（《无量寿经》《观无量寿经》《阿弥陀经》）为依据，崇奉印度的龙树、世亲及中国的昙鸾、道绰、善导和日本的源信、源空七位高僧，称为三国七祖。亲鸾寂灭后，其幼女觉信尼与亲鸾之孙如信和散在各地的弟子相谋，于京都东山大谷亲鸾墓旁建立佛阁，奉置亲鸾的影像，为本愿寺的起源。本愿寺的住持，顺序血脉相传。到第11代以后，分为东、西两派，加上兴正寺派、佛光寺派、锦织寺派、毫摄寺派、专照寺派、证诚寺派、诚照寺派等，即为现在真宗的10派。1948年北海道还成立有真宗北本愿寺派等。目前真宗系共计有22个教团。

荣西与道元

中国禅宗早由道昭、道睿、义空等传入日本，然未独立成为宗派。后睿山的觉阿于南宋乾道七年（1171）到中国，从杭州灵隐寺佛海禅师慧远受临济宗杨岐派法脉，4年后回国，是日本有临济禅之始。及荣西入宋回国，才开创日本临济宗。

荣西于乾道四年（1168）四月到中国，登天台山巡礼圣迹；同年九月，携带天台章疏30余部回国；淳熙十四年（1187）再度入宋，受传佛心宗，时怀敞住持天童寺，又亲侍左右，遂嗣其法，传临济正宗法脉；绍熙二年（1191）回国，初于博多津开圣福寺，盛倡临济禅法。日建仁二年（1202），源赖家于京都建立建仁寺，请他为开山。他为提倡禅宗，著有《兴禅护国论》3卷。后应源实朝之请，赴镰仓创立寿福寺，开始传禅法于关东，为日本临济宗的开祖。中国宋代禅宗盛行，日本僧人入宋求法和中国禅僧前往日本传禅的，络绎不绝。古来日本称禅宗为24派。其中3派属于曹洞，21派属于临济。荣西灭后25年，圆尔辨圆入宋，于浙江径山，得受无准师范禅法。

5年后，兰溪道隆赴日，大倡教外之旨于镰仓，北条时赖将军大喜，创立建长寺，请为开山；弘安元年（1278）入寂；门下有24人，最有名的是南浦绍明。他入宋回国后，应北条贞时之请，继主镰仓建长寺。其后传禅的，还有车明葱日、东陵永玙、兀庵普宁、子元祖元、一山一宁、清拙正澄、大休正念等有名禅僧。

荣西灭后，日本禅宗逐渐得势，但多属临济宗派。及道元入宋归国，于嘉祯二年（1236）在山城京都极乐寺旧址，开堂讲法，设立僧堂，赐寺额为兴圣宝林禅寺，是日本有曹洞宗之始。

道元24岁时入宋。时曹洞宗如净禅师主天童寺，道元从学3年，嗣其法，为洞山第14世正统；南宋绍定元年（1228）回国，初寓京都建仁寺。宽元二年（1244），波多野义重于越前（今福井县）建大佛寺，道元被请为开山。这就是现在曹洞宗的大本山永平寺，道元遂成为日本曹洞宗的开祖。曹洞宗的信徒多为地方农民，临济宗的信徒多为将军武士，故日本向有“曹洞土民，临济将军”的俗谚。

五山文学与茶道花道

禅宗自镰仓时代传入日本后，经吉野时代（亦称南北朝）至室町时代的200余年间，由于朝野崇奉，不断得到发展。临济宗14派的本山，几乎都在京都和镰仓。当时模仿中国宋代禅宗五山十刹制度的镰仓五山和京都五山的僧侣，致力于诗文的研究，形成了所谓五山文学。其后日本遣明的正副使节，多数为五山僧侣所担任。其中知名的有了庵桂悟和策彦周良等。此时禅宗的思想、文学、美术、风俗、习惯等，对日本国民生活的影响很大。如茶道、花道、香道与书道等，均随禅宗的发展而流行。

独立发展的日莲宗

日莲宗以创宗者日莲的名字命名，与中国佛教无直接关系。日莲认为只有《妙法莲华经》是正法。建长五年（1253），日莲归乡访亲；4月28日登清澄山，向着海上初升的红日，高唱《南无妙法莲华经》10遍，为日莲宗创立之始。为了宣扬自己的新教义，他对其他宗派进行了剧烈的批驳，因此三度被流配。其教化方法有所谓“折伏”（恶逆的教化）和“摄受”（顺信的教化）两种。日莲灭后由其门下的日昭、日朗、日兴、日向、日顶、日持等六老僧葬其遗骸于身延山，建久远寺，即今日莲宗的总本山。其著作有《守护国家论》《立正安国论》等300余种。后来日莲的弟子各分成许多派别。近代日本新兴宗教的几十个教团，有70%属于日莲系。

这一时期，各派都采取否定现实的态度，厌恶秽土，欣求净土或耽于禅，教义和规则都较简单，具有“平民化”的特点。这些新派别还与日本15～16世纪的农民起义有关系。如1488年加贺国（今石川县）地区爆发的真宗农民起义、1563年参州一向宗起义、1570年伊势长岛真宗僧徒起义等。而加贺国地区的真宗农民起义的胜利，使其后百年间加贺国的管理权掌握在真宗教徒手中，由农村上层、僧侣和农民代表组成领导机构。末期，由于儒学影响的扩大，佛教的影响逐渐缩小。

镰仓时代《观世音菩萨普门品》（局部）

5

江户时代（1603～1867）

德川时代，儒学特别是朱子学取代了佛教，成为当时封建社会占统治地位的意识形态，佛教的影响进一步缩小。当时京都佛教虽趋衰落，但关东地区（指箱根以东的关东八州，即今东京横滨地方）的佛教渐盛。德川幕府一方面采取锁国政策，同时订立各方面的制度。对于佛教，自寺院的等级，僧阶的高下，乃至僧侣的法服等，都有一定的规制。先定皇室的佛教制度，明示“门迹”“院家”以下的级别。门迹有“宫门迹”“摄家门迹”及“准门迹”之别。订立晋级的法规，禁止僧位、僧官的滥授。划定区域，一寺一山皆令有所隶属。以总本山辖大本山，以大本山统摄其所属各寺。如净土宗以东京增上寺为本山统辖关东诸寺，天台宗以日光门主统辖一宗，真宗东、西两派的别院各设“轮番”（别院轮流住职之称）等。这些制度小自一寺、大至一宗一派，其应遵守的法规，修行的阶段，僧阶的晋级，法衣的等差等，完全具备，一直维持到明治维新以前。

日本禅宗自镰仓时代以来，由临济与曹洞两宗平分天下。到了江户时代，由于锁国政策，只留长崎一港与外国通商。当时中日贸易商舶往来频繁。居住在长崎的华侨，先后开创了分紫山福济寺（漳州寺）、东明山兴福寺（南京寺）和圣寿山崇福寺（福州寺），即所谓三唐寺。三唐寺的住持，均从中国请去。最初有明僧真圆、觉海、超然、逸然等。后有福州黄檗山万福寺，在临济、曹洞之外，另立黄檗一宗，成为日本禅宗三派之一。

6

明治维新后

明治维新后，日本兴起资产阶级改革运动，提出王政复古、“神佛分离”和“废佛毁释”。政府命令门迹亲王复饰（还俗），废止宫廷的佛教仪式，排除神社内的佛像，废止供于神前的佛具，禁止僧侣参加神道仪式，禁止“神佛混淆”，颁布所谓“神佛判然”的法令。从而日本各地发生了烧弃佛像佛画、破坏寺庙堂塔、命令僧尼还俗、把寺院改作医院和学校等事件。明治五年（1872）4月25日，新政府以太政官布告，许可僧侣带妻食肉和蓄发，同时又命僧侣于法名上加姓，于是某些寺院的僧侣便公开娶妻食肉。佛教僧徒为适应新的形势，兴办各种社会事业，派遣僧侣出国考察和留学，创办学校，培植人才，并开始向国外传播佛教及从事监狱的教化等。明治二十二年，日本政府颁布宪法，允许信教自由，各宗竞相兴办大学或专门学校，出版了不少佛教著作，同时于各大学设佛教讲座，一时佛教虽有复苏的迹象，但总的趋势是影响越来越小。自明治维新以后的60年间，日本的佛教形成了13宗56派。

《涅槃图》

《涅槃图》，绘于 14 世纪中叶日本镰仓时代，现藏于美国华盛顿弗利尔美术馆。画中佛祖横卧于榻上，众多弟子围在四周，悲哀哭泣。

7

第二次世界大战后

1945年12月15日占领军颁发了《神道指令》，日本开始实行信教自由与政教分离。原由国家颁布的《宗教团体法》于同年12月18日撤销，同时公布了《宗教法人令》。过去依据《宗教团体法》，曾把原有的佛教13宗56派，统合为13宗28派。在《宗教法人令》公布后，又各分派独立，成为270个教团。根据信教自由的原则，隶属和脱离所属的宗派是被允许的，从而使寺院之间的隶属关系松弛。

战后新兴宗教有显著发展。据统计，日本大约每20人中即有一人参加新兴教团，其中70%属于日莲系。主要有：创价学会、立正佼成会、妙智会、灵友会、佛所护念会、日本山妙法寺大僧伽、念法真教、孝道教团、解脱会、真如苑等。此中除天台系的念法真教、孝道教团和真言系的解脱会外，其余创价学会等均属于日莲系。这些新兴教团，多与政治活动发生联系。

新兴教团开始产生于战前，战后依《宗教法人令》而被公认。传统佛教考虑的主要是生死大事，对于现实问题不很关心。新兴教团所关心的不是死后，而是要实现天国于地上。如创价学会就主张把“真善美”改为“利善美”，换“真”为“利”，追求地上幸福的实现。这种思想比较适合时代潮流和日本国内形势，故新兴教团不断得到发展。到目前为止，佛教仍是日本的主要宗教，现在日本各地有佛教各宗宗立男女大学20余所。还有许多学会、研究团体，专门从事佛教的研究。各宗还派遣传教师到欧美各国建立别院，进行佛教宣传。

朝鲜佛教

林子青/文

① 三国时期

朝鲜佛教是北传佛教之一。4世纪后期由中国传入。其传播和发展大体可分为以下几个阶段。

最初传入佛教的是三国鼎立时代的高句丽（朝鲜北部）。据《海东高僧传》卷一载，高句丽小兽林王（高邱夫）二年（372），中国前秦苻坚遣使者及僧顺道送去佛像和佛经。两年后，又有东晋僧阿道赴高句丽。五年（375），小兽林王为阿道建伊弗兰寺，又立省门寺供顺道居住，是为佛教输入朝鲜之始。百济（朝鲜西南部）在枕流王元年（384）开始迎接来自中国的东晋梵僧摩罗难陀，翌年于汉山州创建佛寺，并使平民10人从他为僧。新罗（朝鲜东南部）的佛教是在纳祇王时（417～457）由高句丽传入的，起初受到抵制，到法兴王十五年（528）才正式流传。

迨6世纪，佛教已广为流传。中国隋唐时期大小乘各宗教理几乎全部输入，其中影响较大的宗派是三论宗和律宗等。当时，由于三国封建政权都积极扶持佛教，派很多僧人到中国求法，知名的有高句丽僧朗大师、义渊、实法师、印法师等，百济僧谦益、慧慈等，新罗僧无相、圆光、慈藏、圆胜、惠通、胜诠等。其中有许多人还赴印度求法。百济僧谦益由中国到中印度专攻梵语和律部，回国时带回许多梵本加以翻译和研究，促使律宗在三国迅速传播；新罗僧惠超，曾踏遍五天竺，著《往五天竺国传》，介绍了印度及其周边诸国的地理、交通、文化和风俗，促进了中印文化交流。

朝鲜三国时期的佛教对中国佛教传入日本起了桥梁作用。6世纪中叶，百济的圣明王将金铜释迦佛像和经论幡盖等赠给日本，为中国佛教传入日本的开始。其后慧慈自高句丽渡日，为日本圣德太子所师事。高句丽僧慧灌赴日后成为日本三论宗开祖，新罗僧审详赴日，始传华严宗。

三国时期，佛教的流传虽然较为广泛，但还处在传播和解释教义的阶段。

2

新罗王朝时期

新罗王朝统一三国后，为朝鲜佛教隆盛时代，出现了元晓、憬兴、义湘、圆测、太贤、义寂、宣证、胜庄等著名佛教理论家及其著作，其中对朝鲜佛教的发展，影响最深的是元晓、义湘和圆测。元晓的《十门和诤论》、义湘的《华严一乘法界图》和圆测的《解深密经疏》等著作，为创立具有民族特色的朝鲜华严宗和唯识宗奠定了理论基础。这个时期有 4 个主要宗派。一是涅槃宗，高句丽僧普德于景福寺所创。普德有 11 个高足，其中著名的有无上、寂灭等，建有八大伽蓝。二是律宗，新罗僧慈藏入唐回国于通度寺所创。三是华严宗（一名圆融宗），有二派，一为元晓在新罗庆州芬皇寺所创，称为海东宗；二为入唐的义湘从智俨传承的中国华严宗，设祖庭于浮石寺，故亦名浮石宗。四是法相宗，真表律师在金山寺所创，宣传瑜伽唯识，其弟子有永深宝宗等。此外密教系统有神印宗和总持宗（或称真言宗）。神印宗创始人是明朗，他于善德王四年（635）受帛尸梨蜜多罗所译神印秘法，其密教被称为神印宗（亦称文豆娄宗），在密教史上属善无畏、金刚智以前的杂密。总持宗创始人是惠通，他入唐受善无畏印诀，为善无畏一派密教。新罗僧惠日受青龙寺惠果密法，带回《大日经》《金刚顶经》《苏悉地经》等，在新罗大弘密教。成实学派、俱舍学派也在弘传。9 世纪初，中国禅宗开始传入朝鲜。新罗宣德王五年（784），道义入唐从虔州西堂智藏参学心法，受其法脉。822 年回国后传达摩禅，始传南宗禅，不很兴盛，但它成为后来的禅门九山之一的迦智山派。兴德王三年（828），洪陟入唐从智藏受法，回国后在实相寺宣扬禅法，开禅门九山的另一派——实相山派，禅宗始兴。新罗末期的道诜把佛教的善根功德思想同道教的阴阳五行及地理风水说相结合，开创具有特色的“祈福佛教”，使佛教更加神秘化。此时，教禅分庭抗礼，互相竞争，佛教势力渐衰。

敦煌莫高窟第 217 窟（南壁）局部，法华经变部分。

3

高丽王朝时期

高丽统一全国后，由于太祖王建深信佛教，造塔建寺，佛教又渐转盛。文宗出家的第四王子义天，被封为祐世僧统，世称义天僧统。他于高丽宣宗二年（1084）入宋，历访高僧大德，学习华严、天台教义及戒法和禅法，回国后慨叹天台一宗，海东未兴，遂于肃宗二年（1096）创立了高丽的天台宗。高丽王朝初期，华严学者均如，为华严宗北岳（希朗）法孙，融合南岳（观惠）北岳两家分歧，与仁裕首座共倡归一之旨，蔚然成风。光宗王特于松岳下建归法寺，诏均如主持，备极崇信。中期，禅门渐见衰落。时有知讷结定慧社，阐扬修禅宗风，于是禅师迭出，曹溪禅风，再次中兴。知讷成为曹溪山修禅社开祖。他对华严亦有研究。所著《圆顿成佛论》，为曹溪宗的宗典。其后有太古普愚，曾入元从屋清珙受法，回国后统一禅门九山为一宗，称曹溪宗（亦称禅寂宗）。时天台宗亦视为禅宗一派，故禅有曹溪、天台两宗。教的五宗亦各改称：圆融宗改称华严宗，法相宗改称慈恩宗，法性宗改称中道宗，戒律宗改称南山宗，涅槃宗改称始兴宗。后称“五教二宗”。这一时期的佛教最显著的事业是大藏经的出版。高丽显宗二年（1010），在所谓“丹冠祈禳”的口号下，开始雕刻大藏经（共6000余卷），作为全国性事业，历经70余年，终于在1087年宣宗王时完成，藏之八公山符仁寺。高宗十九年（1232）为蒙古兵所毁。高宗二十四年（1237）发愿重立都监，历时16年，刻成经版8万余块，约完成6780卷的《高丽藏》，今存韩国的伽耶山海印寺。其次，义天为完成刻经事业入宋游历14个月，搜集佛教经典，归国后，设置教藏都监，刻印大藏经，称之为义天的《续藏经》。据《新编诸宗教藏目录》（刊行预定目录）载称，《续藏经》收录内外佛典1000余部，4000余卷。但大部失传，现在残存20部。

④

李朝时期

14 世纪末，太祖李成桂统一朝鲜半岛，国号朝鲜，亦称李朝。他尊儒排佛，在即位时放逐了禁中的僧侣。世祖（一说太宗）六年（1460），将曹溪、天台、慈南三宗合为禅宗，将华严、慈恩、中神（中道宗及神印宗）、始兴南山四宗合为教宗。合并后的教、禅二宗，各保留一定数量的寺院。到明宗时，由于文定皇后的庇护与普雨禅师的努力，佛教禅宗稍见复苏，但不久即衰。成宗时更禁止供养僧侣，并毁佛像造兵器。出家为僧被视为违犯国禁。直至“壬辰之乱”（1592），日本丰臣秀吉率大军侵入朝鲜，宣祖出奔义州，时有禅僧清虚休静率门徒并募僧兵 5000 人，与明军一起作战，克复京城，赶走日军。宣祖还都后，赐号国一都大禅师。后还妙香山，有弟子千余人。著有《清虚堂集》8 卷等。至此，佛教禅宗稍有恢复。

在李朝统治的 500 年间，总的是采取尊儒排佛政策，然由新罗、高丽时代长期流传下来的佛教仍隐存于一般民众之间。1910 ~ 1945 年朝鲜为日本军国主义并吞的 35 年间，朝鲜佛教僧人也有公然娶妻食肉的，因此教团分有独身僧与有妻僧两派。

第二次世界大战后，佛教仍在朝鲜半岛继续流传。朝鲜民主主义人民共和国曾于平壤建立佛教总务院，后改为佛教徒中央委员会。20 世纪 50 年代初期，寺院大多毁于战火。现韩国的佛教较前略有发展。

斯里兰卡佛教

王作九/文

1

历史及教派演化

斯里兰卡佛教是南传上座部佛教之一，相传公元前3世纪，为印度阿育王之子摩哂陀等所传入。由于其经典都用巴利语传承，故近代又常称其为巴利语系佛教。

为迎请摩哂陀到斯里兰卡传教，国王提婆南毗耶·帝沙曾在首都阿努拉达普拉兴建“大寺”。当时，这是上座部佛教的唯一中心。摩哂陀在此创建了大寺派。公元前28年，伐多伽摩尼·阿巴耶王再度嗣位，为报答摩诃帝沙长老在他流亡期间给予的帮助，特在无畏山新建一座寺庙，作为摩诃帝沙的传教据点，摩诃帝沙遂与印度僧人法喜同建无畏山寺派（又名法喜派）。4世纪时，萨伽利长老又于祇多林寺创建祇多林寺派，亦称南寺派。约在5世

斯里兰卡阿努拉德普勒古城佛寺中的雕像

纪前期，上述三派并行。6 世纪末阿伽普提王统治时期，由于王室对大寺派的扶植，使一度濒于衰亡的大寺派的势力再度复兴，其余两派均隶属于大寺派。

7 世纪初，达多优婆帝沙一世及其继承者伽叶二世统治时期，适值玄奘游学印度。玄奘根据在南印度的听闻，在《大唐西域记》中记述了当时斯里兰卡国王不信佛法，破坏佛像、寺塔，有 300 多名高僧逃往印度等情事。根据中国史籍记载，8 世纪上半叶，斯里兰卡曾一度崇奉大乘，密教尤盛。当时赴华的印度密教高僧金刚智曾在斯里兰卡弘传密法，其弟子不空在斯里兰卡从他和普贤阿阇梨等学习密法。密教不但受到王室的支持，在民间也普遍流行。10 世纪以后，上座部佛教在斯里兰卡已奄奄一息，连举行正式佛事仪式所需的额定比丘数也难以凑足。

11 世纪下半叶，维阇耶巴忽王即位，遣使去缅甸，迎请精通三藏的持戒高僧来斯里兰卡重建上座部佛教。此后，其他派别才销声匿迹。但由于内忧外患频仍，从 12 世纪末到 13 世纪中，斯里兰卡王位时为外族占据，首都被毁，佛教也连同受到破坏。直到 1395 年维阇罗巴忽二世时，僧王达摩揭谛二世主持召开佛教教团会议，上座部佛教才再次出现新局面。但是，1506 年葡萄牙殖民主义者入侵，他们在推行基督教的同时，打击佛教，很多寺庙被毁，僧徒被迫改宗。1592 年即位的维摩罗达磨苏里耶王不得不先后两次迎请缅甸佛教长老来斯里兰卡复兴上座部佛教。嗣后继位的室利维阇耶罗阇辛哈王又从缅甸的北古、阿拉干和暹罗（今泰国）的阿尤恰迎请佛法。暹罗送来了斯里兰卡所没有的佛典、佛像，派遣了很多长老前来授戒，使上座部佛教逐渐得到复兴。

斯里兰卡上座部佛教借缅甸和暹罗之力得以复兴后，分为三派。一是罗曼那派，即 11 世纪从缅甸迎请的佛教长老所建的系统；二是暹罗派，也称优婆哩派，为 18 世纪从暹罗迎请的系统；三是阿摩罗普罗派，为一部分斯里兰卡在家佛教徒因社会地位较低，本国僧人不愿给予授戒而于 1802 年去缅甸的罗摩罗睺罗从当地长老受戒后返回的系统。三派在教理上无甚相违，但戒律稍有不同，因此和睦相处，直至今日。

19 世纪末，斯里兰卡掀起了佛教改革和复兴运动。1880 年，美国的奥尔考特少校和俄国的勃拉瓦斯基夫人首先在科伦坡建立了神智学会，推动佛教的复兴。达磨波罗继又在印度创立摩诃菩提会，发掘和保护佛教遗迹，编纂佛典，出版刊物，在国内外宣传佛教，建立分支，使摩诃菩提会的活动成为一个广泛的佛教复兴运动。1945 年斯里兰卡独立后，政府把复兴佛教看作恢复民族文化的一个重要内容，建立了具有世俗性质的各种佛教社团，创办佛教大学，编辑出版《佛教百科全书》。斯里兰卡人口中约有 74% 是僧伽罗人，而僧伽罗人中佛教徒约占 94%；全国有寺庙 5600 余所，僧侣约 2 万人。

斯里兰卡丹布拉的金庙，始建于公元前 1 世纪，由 5 座小寺庙组成，是佛教徒和印度教徒及其他清修者朝圣的中心。

②

典籍

上座部佛典原不成文，在佛教传入斯里兰卡 200 年后，才开始将口诵相传的佛典用文字记录下来。现存的斯里兰卡上座部典籍由律、经、论三藏及三藏注疏和藏外典籍组成。5 世纪上半叶，印度比丘觉音到斯里兰卡，将上座部佛教三藏的僧伽罗文注释改写成巴利文并详加疏解，又写了《清净道论》，论述大寺派所传上座部教义的纲要。

③

中斯佛教交流

中斯佛教交流开始于 4 世纪。据《梁书》记载，当时师子国得悉东晋孝武帝崇奉佛教，特派遣沙门昙摩渡海送来玉佛，于义熙二年（406）到达建康。义熙六年，中国法显从印度去斯里兰卡，参拜了无畏山寺、大寺和佛牙寺等，在斯里兰卡住了两年，带回很多佛经。当时，斯里兰卡也有一些僧人到中国弘法和参加译经事业。南朝宋元嘉六年（429），舶主竺难提从师子国带比丘尼 8 人到宋都，住影福寺；元嘉十年有铁萨罗等 11 人到中国传比丘尼戒，当时僧众特为之建铁萨罗寺。在南北朝以至隋唐时期，双方交往不绝。7 世纪中叶，中国往师子国瞻礼佛牙、佛迹的人逐渐增多，其中知名的有义朗、明远、窥冲、智行、慧琰、智弘、无行、僧哲等等，玄游还在师子国出家。

8 世纪初，金刚智赴华时曾在师子国滞留，师子国人不空拜他为师，并随侍入唐弘法。以后不空又率弟子含光、慧䛒等去师子国学习密法。在不空返华时，国王曾赠送佛教法器和药物等。含光返国后译出仪轨两部，并在五台山金阁寺创建密教灌顶道场。至宋代，师子国僧众到中国的仍然不少。

16 世纪以后，斯里兰卡先后沦为葡、荷、英的殖民地，中国和斯里兰卡佛教交往几乎中断，直到斯里兰卡独立。中华人民共和国成立后，两国佛教徒的传统友谊又重新得到发展。

敦煌莫高窟第 217 窟南壁（局部），法华经变部分。

越南佛教

梁志明/文

1

初传时期

越南佛教是北传佛教之一，约于2世纪开始从中国传入。

据越南《禅苑集英》记载，195 年，东汉苍梧（今广西梧州）学者牟子奉母流寓交趾（今越南北部）。他“锐志于佛道”，著有《牟子理惑论》。这是佛教传入越南北部的开始。在 255 ~ 256 年间，月氏僧侣支彊梁接（畺良娄至）到达交州。3 世纪末，印度僧人摩罗耆域经扶南至交州，同时到达的还有僧人丘陀罗；在交州北宁建有法云、法雨、法雷、法电四所寺宇。

2 ~ 3 世纪，佛教已经多种途径传入越南。首先，由于中国中原战乱，大批士民流寓交州，将佛教带入；其次，南亚、西亚的移民及僧侣从海路进入交州；第三，也可能经由缅甸、中国云南进入红河谷地。史载三国东吴所属交州太守士燮，“出入鸣钟磬，备具威仪，笳箫鼓吹，车骑满道，人夹毂焚烧香者常有数十”。这些夹毂焚香的“胡人”即来自南亚、西亚或西域的僧人。

佛头像

2

发展过程

6 世纪后，越南僧团逐渐形成。574 年印度僧人毗尼多流支到达长安，580 年至交州，弘传禅宗，为越南佛教禅宗始祖。7 ~ 9 世纪，越南佛教传播更广，寺庙遍及各地。9 世纪初，无言通在交州创立新的禅派，对越南佛教的发展起了重要作用。据义净的《大唐西域求法高僧传》记载，唐代中国僧人到达交州弘传佛教，或与越南僧人同往印度或南海求法取经者的人数颇多。义净记述了运期、解脱天、窥冲、慧琰、智行、大乘灯六位越南僧侣求法取经的事迹。

10 ~ 14 世纪越南佛教兴盛。佛教成为维护封建制度的重要精神支柱。从 939 年吴权称王，经过丁朝（968 ~ 979）和前黎朝（980 ~ 1009），封建国家政权主要掌握在僧侣和武将手中。国王重用僧人，赋予特权；僧人参与朝政，制定律令文书。前黎末年，国王黎龙铤在位，因僧侣权柄过重，试图压抑。以僧统万行和尚为首的僧侣集团便支持殿前指挥李公蕴，乘国王去世之机，篡夺了政权。李公蕴为万行之侄，建立李朝（1010 ~ 1224）后，尊万行为国师，以佛教为国教。李朝各代国王大力推崇佛教，传播禅宗佛学，各地广造寺宇，度民为僧，出现了百姓大半为僧、国内到处皆寺的局面。陈朝（1225 ~ 1399）建立后，继续推崇佛教，弘扬禅宗。

李朝和陈朝前后近 400 年间，有 8 位国王出家为僧。尤其是陈朝前期陈太宗、陈仁宗先后禅位出家，创立竹林禅派，并派遣使臣到中国求大藏经，在国内印刷佛教经典和佛像。这一时期寺院形成一股社会势力，拥有寺田、食邑和田奴；僧侣享有免除赋税、徭役的特权，高级僧人出入宫廷、官府，位比王侯卿相。僧团制度正式形成，组织严密。上有国师、僧统和僧录，各府有教门公事。寺院林立，建筑富丽堂皇。

3

创立宗派

越南佛教深受中国南宗禅学的影响，属于大乘佛教，先后创立了下述几派。

灭喜禅派，由毗尼多流支（又译“灭喜”）所创，又称“南方派”。毗尼多流支，南天竺人，574 年至长安，后随中国禅宗三祖僧璨，承袭中国禅宗衣钵；580 年到达交州，住法云寺，传授禅学。他所创立的“灭喜禅宗派”传授三祖僧璨的“心印”思想，宣传“真如佛性天生不灭和众生同一真如本姓”等思想。在圆寂前他将法统传弟子法贤。这一派系存在于 580 ~ 1216 年，共传 19 代。各代名僧如法顺、万行、惠生、庆喜和圆通等均受到当朝国王的重视，封为法师、国师，被任命为僧统。

无言通禅派，由唐代僧人无言通所创，又称观壁派。无言通从学百丈怀海禅师，820 年至交州北宁建初寺，传授禅学，创立该派，实行面壁禅观。他承受中国南宗禅学慧能、怀让、道一和怀海的法统，宣传佛性无所不在和心、佛、众生三无差别等观点。这一派历经 15 代，活动于 820 ~ 1221 年间。其中第四代祖吴真流为丁朝、前黎朝僧统，封为“匡越大师”。第七代的圆照禅师曾访问中国，被称为“高座法师”。无言通派是越南佛教的主要宗派，越南陈朝兴起的竹林禅派直接承袭其法统。

草堂禅派，由北宋云门宗僧人草堂所创，亦称雪窦明觉派。草堂为雪窦重显的弟子，曾至占婆弘传佛教，后到达越南北方，受李圣宗重视，封为国师，赐居首都昇龙（今河内）开国寺。草堂创立该派，主要传“雪窦百则”，提倡禅净一致，即实行禅宗的修禅与净土宗的念佛相结合。该派活动于 1009 ~ 1205 年间，传 5 代。其中有三个国王、两名太傅。

竹林禅派，相传为陈仁宗所创，实际始于陈朝开国皇帝陈太宗。陈太宗曾受教于由中国赴越的天封禅师，又从宋朝禅师德诚参学。越南史学家陶维英则认为这一派是由禅月禅师传给陈太宗，后经定香长老、圆照大师，至道惠禅师（皆无言通禅宗派名僧）时分为三个支系，其中主要的一支由逍遥禅师传给慧忠上士，再传给调御觉皇，即陈仁宗。陈太宗所著《课虚录》提出“四山”之说，认为生、老、病、死，乃四座大山，人能求佛学禅，勤行修忏，便可“超苦海，渡迷津”，越过四山，解脱轮回。该书为竹林禅派的基本著作。慧忠将禅宗要旨传给陈仁宗。竹林禅派以陈仁宗为初祖，他笃志禅学，即位后日理朝政，夜至宫内资福寺研习禅学；后禅位出家，在海阳东潮县安子山花烟寺出家修行，讲授禅法，正式创立竹林禅派，亦称竹林安子禅派；自号香云大头陀、竹林上士，人

敦煌莫高窟第 217 窟南壁（局部），法华经变部分。

称调御觉皇；著作甚多。该派承袭无言通禅派法统，以唐代禅宗五家之一临济宗为主，认为佛法亦即老子的“道”与孔子的“中庸”；宣扬佛法不离世间法；主张坐禅和采用临济宗的“四宾主”师徒问答方式传道；认为心即是佛，佛在众人心中。陈仁宗之后，有二祖法螺，三祖玄光，合称“竹林三祖”。法螺创立琼林院，编撰佛经，著有《参禅旨要》等。玄光，状元出身，后出家从学法螺，1317 年继承竹林派衣钵，著有《玉鞭集》等。该派因得皇室大力扶持，成为陈朝时期越南佛教的主要派别，对越南佛教的发展影响很大。

佛教禅宗不讲究烦琐的礼仪，不重戒律，主张坐禅修行，甚至可居家修禅，著书立说，其教理把中国和印度的佛学与儒学思想结合起来，适应越南封建阶级的需要，对于知识阶层也具有吸引力，因而在越南中古时期各王朝获得广泛发展，并对越南的哲学、文学艺术、建筑、音乐等等产生深刻的影响。

④

佛儒消长

14 世纪以后，由于儒学的发展，儒士阶层势力上升，僧侣集团开始失去在国家政治生活中的巨大作用。陈朝末年，朝廷多次沙汰僧徒，并限制寺院僧侣势力的发展。后黎朝（1428 ~ 1526）建立后，独尊儒学，执行抑佛重儒政策，道教日益兴起，佛教由此日趋衰落。朝廷禁止新建寺宇，将寺田、寺庙领地收归国有，勒令不知诵经不持戒律的僧尼还俗，并以改革民俗之名，在民众中宣传佛教为迷信异端。至 15 世纪后半叶，僧侣人数大减，通达佛教教义者寥寥无几。从 1500 年起，黎氏朝廷下令只许庶民信奉佛教。从此，越南佛教便由皇室庇护的贵族化宗教转化为以平民信仰为主的民间宗教。

16 ~ 17 世纪，天主教开始传入越南。越南佛教虽不似以前兴盛，但仍绵延不绝。当时，封建中央政权衰落，形成南北朝分裂割据局面，佛教有所振兴。北方郑氏王府和南方阮氏王府都曾延请中国高僧讲解佛经，修建寺院。1665 年，郑王选拔国内有名佛师，为御用寺宇塑造几百尊佛像，禅宗再度复兴。隐居安子山的竹林禅派名僧白梅麟角将竹林三祖的教义和净土宗融合为一体，在河内的婆砖寺开创新教派——莲宗。主张禅教双运，以教为眼，禅是佛心，以阿弥陀佛为禅的公案，但实修上专念弥陀名号，由此而得悟平生。此外，在越南北方有中国和尚拙公创立的拙公派，这一派以临济宗为主，并受净土宗影响，亦称竹林新派。同时，还有曹洞宗的水月派。南方阮王府于 1604 年在顺化修建了大乘佛教的寺院——天姥寺。中国僧人道明、原绍等在越南传授禅宗佛学。原绍创建临济正宗的原绍禅派，造平定十塔寺，宣扬禅净并修的教义。迄今，莲宗在越南北方仍有一定影响，而临济正宗教派在南方势力则较大。

19 世纪初，阮朝建立。阮朝初年执行保护临济正宗、歧视莲宗的政策。僧纲的职位皆授给临济正宗派僧侣，对莲宗僧侣限制颇多。但莲宗派仍在北方民间活动。

1858 年后，法国殖民者入侵越南，越南佛教徒参加了爱国抗法运动。进入近代时期，越南兴起佛道儒三教合一运动。19 世纪末，随着天主教之传播，又出现“四教一源说”。这一时期建立的高台教则是把佛、道、儒和天主教及民间信仰糅合起来的新宗教。

越南顺化郊外的佛舍利塔

东南亚佛教

童玮/文

东南亚佛教是以南传上座部为主的佛教，主要传播于老挝、柬埔寨、泰国、缅甸、印度尼西亚，以及越南中、南部的部分地区。据有关史料记述，公历纪元前后，上座部佛教已在东南亚流行。《太平御览》引万震著《南州异物志》称："林阳在扶南西七千余里，地皆平博。民十余万家，男女行仁善，皆侍佛。"《水经注》引竺枝著《扶南记》中也有"扶南举国事佛"的记述。扶南即柬埔寨的古称。2 ~ 6 世纪，东南亚佛教已很隆盛。比佛教传入更早的婆罗门教，经与佛教并存和融合的阶段之后，虽为佛教所取代，但对佛教的影响仍然存在。婆罗浮屠、吴哥寺、蒲甘王朝的塔寺及其他一些寺庙建筑、佛像雕塑和佛事仪式，都带有一定的婆罗门教色彩。10 世纪以后，上座部佛教受到大部分国家封建领主的推崇和提倡，并加强了同锡兰的联系，互派僧侣留学，根据巴利语音序创立本民族文字，用以写定音译巴利三藏典籍，确定了摩诃尼迦耶和达磨育特两派僧王制度，佛教被尊为国教，在大众中产生了深刻影响。18 世纪到现代，泰文、缅文、高棉文、老挝文的巴利语三藏音译编纂工作逐渐完备，并进一步将部分经卷译为本民族文字，使上座部佛教得以更加广泛地流传。

①

老挝

1 世纪初期，大乘佛教和婆罗门教曾一度流行于老挝南部地区。14 世纪中叶，上座部佛教由柬埔寨传入，被尊为国教，并确立了达磨育特和摩诃尼迦耶两派僧王制度。16 ~ 17 世纪，老挝曾一度成为东南亚的佛教中心，修建了许多寺塔，雕塑了佛像，创立巴利语佛教学校和实行僧侣考试制度。19 世纪末老挝沦为法国殖民地后，佛教受到严重的打击，寺塔被毁，经像被劫，僧侣惨遭杀戮。随着 20 世纪民族解放运动的高涨，佛教又出现复兴的气象，老挝成立全国统一的佛教组织机构，整理出版了寮文巴利三藏典籍，并恢复以寺院为主的巴利语教学的教育中心制度。

塔銮，位于老挝首都万象，是老挝佛教徒和民众顶礼膜拜的中心。赛塔提腊国王统治时期，于 1560 年开始在一古塔的基础上历时 6 年扩建而成。占地 8400 多平方米，整个建筑呈四方形，分三层，意比佛说三界。是历代国王和高僧存放骨灰之所。这里每年 11 月间都要举行塔銮节盛会，这是老挝民间规模最大的庙会，也是最隆重、最盛大的宗教节日。

②

泰国

泰国，古称暹罗。从那坤巴通发掘出的佛教文物和寺塔遗址判断，早在公元前，泰国已有小乘佛教的传入。以后，婆罗门教和大乘佛教才由印度传入南暹罗及其沿海邻国。11 世纪，缅甸的阿努罗陀王朝崛起，其势力扩展到暹罗北部和中部的许多地区，阿努罗陀王笃信小乘佛教，并大力支持其发展传播。因此，小乘佛教又一度在暹罗，特别是北部地区流行。13 世纪中叶，泰族在速可台建立了独立的部族国家，势力逐步向南扩张，将南暹罗地区纳入其统治范围，并接受流行于这个地区的大乘佛教。同时，带有婆罗门教色彩的大乘佛教宗教仪式，也逐步为泰国小乘佛教信徒所接受。此前，锡兰曾于 12 世纪时举行佛教第七次结集，整顿僧团组织，严肃戒律，使上座部佛教在锡兰臻于隆盛。当时北暹罗地区的一些部族国家，都派遣比丘前往学习，并传入具足戒仪式。速可台王朝建国初期，锡兰教派势力已扩展到南暹罗地区，并在那坤室利塔玛罗陀建立锡兰派传教中心。速可台王朝第三代君主拉马康亨，曾迎奉锡兰僧团到都城弘扬教义，使锡兰教派得以流行，而大乘佛教却退居次要地位。此后，佛教在封建君主的护持下，逐渐形成僧王制度，佛教几成全民信仰，渗透到日常生活习俗之中。速可台王朝第四位君主黎汰王是一位虔诚的佛教徒，曾一度出家为僧，开创了泰国国王必须在一定时期内出家为僧的先例。他于1361年迎请锡兰高僧，用上座部佛教统一了本国的宗教。

1767年，大城王朝的阿瑜陀耶为缅甸攻陷时，王宫和各寺院所藏典籍及经像文物，均毁于兵火。吞武里王朝建立后，国王郑昭下令收集佛教文献，汇集整理保存，但不久郑昭被弑身死，此项工作遂告停顿。曼谷王朝建立后，拉玛一世继承郑昭未竟的事业，于1788年召集230名硕学比丘和30名皇家学者，对已收集的三藏典籍进行整理编定，此即泰国佛教史上的第九次结集，编定的三藏名为“结集版三藏”或“皇家版三藏”，共计288箧。拉玛四世统治时（1851～1868），对佛教进行了改革，在上座部内出现了一个要求严格遵守戒律的派别，称为“正法派”，而把传统的佛教称为“大众派”，这两派在教理上没有重大差别，只在遵守戒律方面有所严宽。现泰国佛教主要是这两派。拉玛五世朱拉隆功王在位时（1868～1910），提出将全部三藏付印的计划。付印前，不仅对泰文本做了详尽的校订，还和高棉文、僧伽罗文及孟加拉文进行了比勘，于1893年出版，共39卷，印行1000部。这次编印的泰文藏经，尚遗小部经8种未曾编入。1925年拉玛七世继位时，遵照其兄拉玛六世遗嘱，重编泰文三藏，收录所缺的小部各经，编为45卷，于1928年全部出版。现泰国有90%都是上座部佛教徒。

3

柬埔寨

柬埔寨早期的宗教信仰，除了原始的拜物教和精灵崇拜外，在公历纪元前后，即深受婆罗门教和佛教的影响。5～6世纪时，大小乘佛教开始传入。由于同中国和印度的贸易往来频繁，大乘佛教得到较大的发展。其间高僧迭出。硕学沙门到中国传教、译经者不乏其人，如6世纪上半叶，即有僧伽婆罗和曼陀罗仙等人。9世纪后，已成为东南亚的佛教中心，但印度教也并行不衰，9世纪末创建、12世纪完成的吴哥城及以后建立的吴哥窟大伽蓝，即为两教混合在寺庙建筑上的反映。此后，由于受到外族的影响，大乘佛教和印度教趋于衰微。14世纪中叶之后，泰国的上座部佛教传入柬埔寨，逐渐推行两派僧王制度，并定为国教。国王为佛教的当然护持。20世纪初叶，柬埔寨人民身处反抗法国殖民主义的民族解放斗争中，虽然许多佛寺受到破坏，但佛教仍有一定的发展。很多僧侣参加反殖民主义的斗争，创办了巴利语学校、西哈努克大学和佛教研究所，出版了高棉字母的巴利语三藏典籍和高棉文译文的部分上座部经论。

缅甸蒲甘的佛塔

④

缅甸

佛教传入缅甸较早。根据《岛史》记载，印度阿育王于公元前 3 世纪曾派须那与忧多罗两位长老到金地传教，有人认为金地即今之下缅甸塔通地区，但此说不能认为确凿的史实。公历纪元前后，从东南印度到缅甸有航路可通，锡兰与缅甸的交通通过东南印度为中心而发展起

来，因此锡兰的上座部佛教大概是通过海道传入的。据骠族（缅甸族一支）古都卑谬发现的碑文记载，5 世纪时，锡兰已流行上座部佛教。6 世纪后期，佛教密宗的阿阇利耶教，又传入缅甸的蒲甘地区。11 世纪中叶，蒲甘王朝阿努陀罗王统一缅甸全境，他排斥了阿阇利耶教，立上座部佛教为国教，尊阿罗汉长老为国师；1058 年始创缅文字母，音译了上座部佛教三藏典籍，奠定缅甸上座部佛教的基础。此后缅甸王朝虽几经变迁，但一直信奉佛教。13 世纪末，蒲甘王朝崩溃，缅甸出现了南北朝分立，但南北朝都信奉佛教，北方在阿瓦大造寺庙佛塔，南方也修建大金塔。此后历代国王都将大金塔增高，并敷金箔，增设回廊，形成现代所见的形态。18 世纪中叶，缅甸南北朝为雍籍牙王朝所统一，佛教十分繁荣。这个王朝的孟云王在明恒费时 11 年建造了世界上最大的砖塔和一口大钟。12 ～ 19 世纪末，僧伽罗僧伽派和末罗姆摩僧伽派逐渐分裂，形成善法派、瑞琴派、门派等。

1871 年，明顿王曾召集各派长老 2400 人于曼德里举行第五次结集，重编缅文巴利三藏，后将全部经典刻在 729 块大理石碑上，以垂永久。随着 20 世纪民族解放运动的发展，缅甸僧侣建立了佛教组织，参与反英殖民主义的斗争。缅甸独立后，曾于 1956 年释迦牟尼涅槃 2500 年纪念时，邀请各国佛教界代表，举行了有 2500 人参加的第六次结集，校勘上座部缅文巴利三藏，印行结集版藏经 51 卷本。1961 年，缅甸宣布佛教为国教，继又取消国教的地位，执行宗教信仰自由的政策。目前缅甸佛教徒约占总人口的 80% 以上。

5

印度尼西亚

在公历纪元前后，印度尼西亚是海上交通的要冲，居民都为印度人，主要信仰婆罗门教。5世纪初，法显去耶婆提（今苏门答腊及爪哇）时，据他著的《佛国记》所载，当地盛行婆罗门教，但亦有少量人信仰佛教。稍后，印僧求那跋摩赴华，路经阇婆时，已见佛教甚为流行。据中国史籍《宋书》《南史》和《梁书》的记载，5世纪中叶至6世纪上半叶，苏门答腊、爪哇和巴厘等地已广信佛法，崇仰三宝。7世纪末，在苏门答腊地区建立了室利佛逝王国。中国高僧义净往返印度时都在此落脚，据其所述该地大小乘并举；但从出土的文物看，密教系的观世音菩萨和多罗菩萨信仰也很普遍。8世纪初，到中国的印度高僧金刚智，曾在室利佛逝滞留，不空即在阇婆拜金刚智为师。可见 8世纪前后大乘佛教特别是密教一系在室利佛逝十分流行。8世纪以后佛教由室利佛逝向马来半岛发展，当地王室都信奉密教，在马来半岛建立了大批密教寺院，民间亦多信奉者。

5世纪以后佛教在爪哇广为流传。8～9世纪，在中爪哇建立的夏莲特拉王朝诸王，都信奉大乘佛教与印度教混合的密教，建立了很多寺院。如世界驰名的婆罗浮屠大寺，高达10层，代表十法界，石砌回廊都刻有精美的浮雕，庄严雄伟，是世界美术史上的奇观。

10世纪初，室利佛逝的高僧编集了著名的佛教教义书《圣大乘论》。13世纪庚·安禄在东爪哇创建的新诃沙里王朝和14世纪韦阇耶建立的满者百夷王朝都信奉佛教。爪哇佛教是大乘密教和印度教湿婆派的混合物。他们把佛陀和湿婆看作一体，在崇拜的对象中杂有印度教的很多神祇。15世纪伊斯兰教传入爪哇后，佛教和湿婆派的信仰逐渐衰落，以至绝迹。

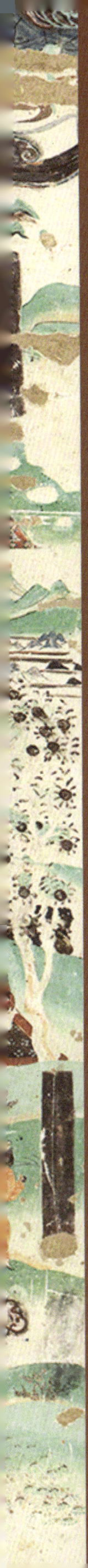

敦煌莫高窟第 217 窟南壁（局部），法华经变部分。

图书在版编目（CIP）数据

中国佛教 / 赵朴初著. — 北京：中国大百科全书出版社，2012.12

（中国大百科全书. 名家文库）

ISBN 978-7-5000-9062-5

Ⅰ. ①中… Ⅱ. ①赵… Ⅲ. ①佛教史－中国－通俗读物 Ⅳ. ①B949.2-49

中国版本图书馆CIP数据核字（2012）第296118号

总 策 划 龚 莉
策划编辑 赵 焱
责任编辑 赵 焱
责任印制 魏 婷
图片来源 中国大百科全书出版社图片中心
FOTOE 敦煌研究院
封面设计 天下书装
出版发行 中国大百科全书出版社
地　　址 北京市阜成门北大街17号 **邮政编码** 100037
电　　话 010-88390969
网　　址 http://www.ecph.com.cn
印　　刷 北京地大彩印有限公司
开　　本 710毫米×1000毫米 1/16
印　　张 9
字　　数 90千字
印　　次 2013年1月第1版 2021年4月第2次印刷
书　　号 ISBN 978-7-5000-9062-5
定　　价 60.00元